90일 만에 내 회사를 고수익으로 바꾸는

1인 식품기업으로
비상식적
온라인 유통
트리플 시스템 만들기

시스템으로 회사를 살린다

티핑파인더 지음

1인 식품기업으로
비상식적
온라인 유통
트리플 시스템 만들기

크지않은키
못난외모
어눌한 말투

할줄아는건
물고늘어지는것
뿐이었고

주변사람들은
"아.. 답답.."
"아.. 짜증나.." 등 의
말과 함께 나를
무시했다.

01

왠지 모를 불편한 시선은
학창시절부터
성인이 되고 난 후까지
언제나 내 주변을
맴돌았다.

02

03

학창시절에는
학교폭력

대학교 가서는
아웃사이더

군입대 했을때는
병사들까지 왕따를 시키며
부대에서 관심소대장으로
낙인찍혔고

04

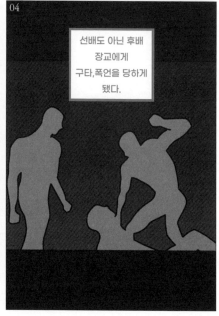

선배도 아닌 후배
장교에게
구타,폭언을 당하게
됐다.

1인 식품기업으로 비상식적 온라인 유통 트리플 시스템 만들기

진로의 문제도 나를 괴롭혔다.

부모님이 원하는 삶을 살기를 강요 받으며 자랐고

05

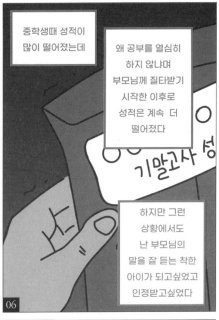

중학생때 성적이 많이 떨어졌는데

왜 공부를 열심히 하지 않냐며 부모님께 질타받기 시작한 이후로 성적은 계속 더 떨어졌다

하지만 그런 상황에서도 난 부모님의 말을 잘 듣는 착한 아이가 되고싶었고 인정받고싶었다

06

07

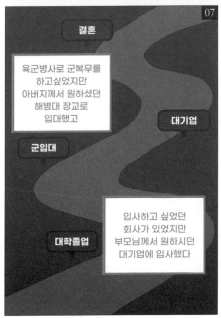

결혼

육군병사로 군복무를 하고싶었지만 아버지께서 원하셨던 해병대 장교로 입대했고

대기업

군입대

입사하고 싶었던 회사가 있었지만 부모님께서 원하시던 대기업에 입사했다

대학졸업

08

제대후 CJ대기업 입사에 성공하며 이제는 행복이 시작되는 것 같았다

하지만 CJ입사 3개월 후 악몽이 재현되었다

회식을마치고 집에 가던 중 술에 취한
선배가 나를 무차별적으로 폭행했는데
회사에서는 이를 쉬쉬했다

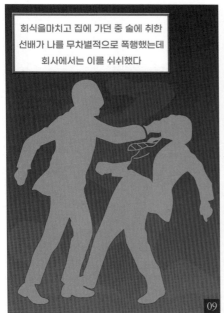

모든 절망적인 상황이
내 인생에는 당연한 일인듯

파블로프의 전기충격
실험에 나오는 개처럼
살아왔는데

구타를 당했던 그 날
정신이 번쩍 들었다

09 10

11 12

그 날이
내인생에 전환점이
되는 날이었다는
사실은 까맣게
모른 채

사업에
발을
내딛게
되었다

이제는 모든것으로부터
도망치고 싶었고
내가 생각해낸 유일한
탈출구는 사업이었기 때문에

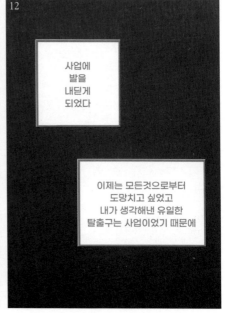

1인 식품기업으로 비상식적 온라인 유통 트리플 시스템 만들기

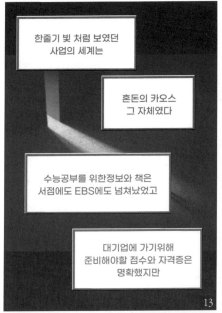
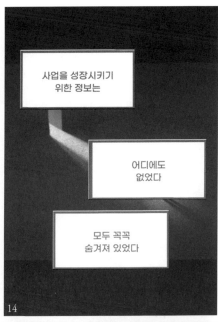
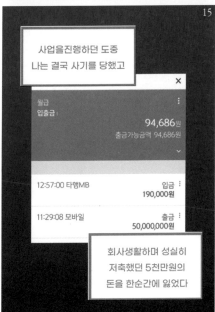
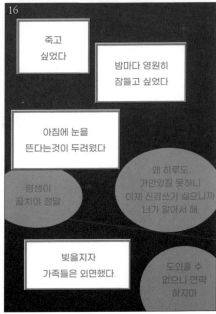

내 곁에는 아무도 없었다

하지만 가만히 포기하고 있을 수도 없었다

17

빛을 갚기 위해

몇백만원이 넘는 고액의 강의를 듣는 미친 선택을 했다

18

19

강의를 들으며 다짐했다

내가 투자 한 돈은 몇십배 몇백배로 다시 벌어들일거라고

20

그렇게 힘든 성장을 조금씩 해 나가다 보니

사업의 세계가 점점 보이기 시작했다

사업의 세계는 더이상 나에게 혼돈의 카오스가 아니었다

1인 식품기업으로 비상식적 온라인 유통 트리플 시스템 만들기

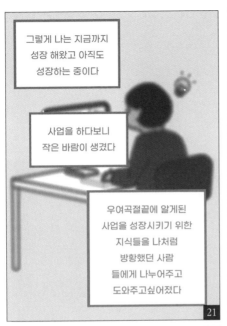

그렇게 나는 지금까지 성장 해왔고 아직도 성장하는 중이다

사업을 하다보니 작은 바람이 생겼다

우여곡절끝에 알게된 사업을 성장시키기 위한 지식들을 나처럼 방황했던 사람 들에게 나누어주고 도와주고싶어졌다

21

지금까지 100여명의 인원을 컨설팅했고

컨설팅의 효과는 네이버 카페 후기들이 증명해주고 있다

22

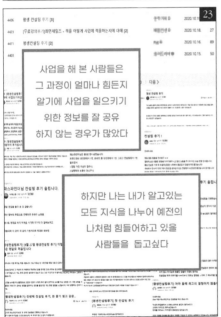

사업을 해 본 사람들은 그 과정이 얼마나 힘든지 알기에 사업을 일으키기 위한 정보를 잘 공유 하지 않는 경우가 많았다

하지만 나는 내가 알고있는 모든 지식을 나누어 예전의 나처럼 힘들어하고 있을 사람들을 돕고싶다

23

나를찾아온 한분 한분을 뵐 때면 힘들었던 나의 지난날이 떠오른다

더이상 힘들지 않고 괴롭지 않고 당신의 잠재력을 에너지를 온전히 사업에 쏟으며

작은성공과 성장을 이루는 기쁨을 느끼게 해 드리고 싶다

24

9

_____ 정영민
트렌드헌터 대표

　　김규남 대표와는 2017년 초 강사와 수강생의 관계로 처음 알
게 되었습니다.

　　당시 김규남 대표는 회사를 다니는 직장인이었고 온라인 판
매 경험은 전무한 초보자였습니다. 하지만 온라인 마케팅과 상
품 판매에 관한 공부를 시작한 그는 몇 개월이 지나자 SNS를 활
용해 상품 판매 매출을 내기 시작하였습니다.

　　거기다 그가 회사를 다니며 부업으로 운영 중이던 대전에 있
던 카페는 발 디딜 틈 없을 정도로 손님들이 몰려왔습니다. 그
리고 그 모습을 본 저는 그가 비범한 사람임을 알게 되었습니다.
이후 특유의 빠른 행동력을 바탕으로 월 2억까지 매출을 향상시
키며 현재는 1인 셀러들의 롤 모델로 성장하였습니다.

이 책에서는 김규남 대표의 이러한 성장 과정을 과장 없이 다루고 있습니다.

1인 기업을 운영하고 준비하는 독자분들께서 이 책을 통해 성장할 수 있기를 기대합니다.

이윤환
복주요양병원 이사장

올 초부터 친한 후배와 식품사업을 준비하고 있었습니다.
식품사업을 준비한 이유는
"성인병 예방에 도움이 되는 제품을 생산하여 국민 가격으로 공
급하여 미력이나마 국민 건강에 이바지하자"라는 업의 철학 때문
이었습니다.

새로운 사업을 시작한다는 마음으로 시제품 생산, 원료 및 부
원료 믹스, 과정 등 저희 사업에 맞는 업체를 찾다가 1인 식품기업
연구소의 김규남 대표님을 알게 되었습니다.
후배가 김규남 대표님과 한번 미팅을 하고 난 뒤, 저한테 전화
가 와서 "형님 우리한테 행운이 따르는 것 같습니다"라고 말했습
니다. 내용 인 즉 남들이 작게는 몇 년 길게는 10년 이상 발품을
팔고 경험을 해서 알게 된 고급 지식과 정보를 모두 가지고 있다
고 했습니다.
그러면서 평생회원에 가입하고 바로 김규남대표와 미팅을 해보

12

길 권유했습니다. 제 사업 파트너인 이후배도 신중한 사람이고 업계에선 인지도 있는 사업가인데 오프라인 미팅을 갖자고 하여 주저하지 않고 바로 미팅 날짜를 잡았습니다.

그리고 약속한 날 김규남 대표님을 2시간 만나는 동안 식품원료 및 부 원료 배합, 시제품 생산, 마케팅방향 브랜드 설정, 그리고 브랜드 확장 등 앞으로의 사업 확장 방향까지도 단번에 정할 수 있었습니다.

카페의 소개 내용이 과장이 아니라는 것을 직감적으로 알게 되었고 앞으로도 저희 사업을 성장시키는데 절대적인 우군을 만난 느낌이었습니다.

젊지만 패기 있고 전문 지식뿐 아니라 식품사업에 대한 경험 그리고 마케팅까지 그야말로 식품업계의 백종원 같은 분이 바로 김규남 대표님이셨습니다.

많은 정보와 지식 알려주신 김규남 대표님께 감사드리며 앞으로도 많은 도움 부탁드리겠습니다.

유노연

유통노하우연구회 대표

제 평생 김규남 대표같이 열심히 노력하고 실행력이 강한 사업가는 본 적이 없습니다. 김규남 대표가 CJ라는 대기업에 다니면서 동시에 부업으로 1인 식품 기업을 할 때 처음 그를 만났었고, 저는 첫 만남에서 김규남 대표가 보통 사람이 아니라는 것을 간파하였습니다. 그래서 바로 그 자리에서 평생 서로 도와주는 파트너가 되자고 바로 제안을 하였습니다.

저도 나름 유통마케팅 전문가가 되기 위해 수 천만 원의 돈을 책, 교육, 강의 등 자기계발에 투자했는데 이런 저보다 더한 사람을 만난 것은 김규남 대표가 최초였습니다. 그의 모든 피눈물 나는 경험, 지식, 노력의 결정판이 이번 책입니다. 창업을 꿈꾸는 사람 그리고 소규모 사업가라면 반드시 이 책을 읽어야 한다고 생각합니다.

당신은 김규남 대표가 수 억을 들여서 실전에서 배우고 경험한 모든 것들을 책 한 권으로 얻을 수 있습니다. 이 책에는 김규남 대표가 1인 기업인데도 불구하고 체계적인 시스템을 구축하여 매년 수 십억의 매출을 올리는 모든 비법과 노하우가 담겨 있습니다.

더 이상 고민하지 말고 지금 당장 이 책을 구매해서 3번 이상 읽어보십시오.

그러면 당신 사업의 성공 확률은 비약적으로 높아질 것입니다.

엔젤 투자자 미래 CEO

세상에 내 편이 없다 생각될 때, 세상이 날 이용해만 먹으려 하며 좌절하고 있을 때

티핑파인더의 가능성을 보았고, 확실에 찬 본인의 능력을 보았습니다. 그리고 묻지도 따지지도 않고 그냥 사람을 보고 돈을 투자했습니다. 그리고 그 선택이 정확한 것을 몇 달 안 돼서 깨달았습니다. 이제 티핑파인더님이 하는 사업에는 다 투자할 예정입니다.

이 책은 1인 사업가로 누구나 할 수 있고 누구나 가능성은 열려 있다는 걸 알게 해줍니다.

1인 사업가인 티핑파인더님 포함 전국의 수많은 1인 사업가를 응원합니다.

불과 3년 전까지 만하여도 저를 포함해 아무도 우리가 이렇게 성장할지 상상조차 하지 못하였습니다.

저는 현재 식품 제조사 대표로서 제 브랜드를 가지고 인터넷 쇼핑몰을 운영하고 있습니다. 또한 식품 제조 유통 마케팅 컨설턴트로 활동하고 있습니다. 소자본 창업 및 최저 MOQ(최소생산수량)를 통해 기존 시장의 문제점을 해결하였으며, 다른 경쟁사들을 통합하였고 지금까지 상상 할 수 없었던 많은 수입을 벌게 되었습니다. 그리고 지금은 저만의 자유로운 시간을 가지고 멋진 사업파트너들을 만나 함께 일하고 있습니다.

저 또한 몇 년 전까지 만해도 여느 평범한 사람으로서 언젠가는 회사를 차리고 싶었었고 언젠가는 성공하고 싶었습니다.

그토록 그리던 꿈의 생활이 몇 년 만에 가까워지는 것을 느끼면서 가끔은 내 일이 아닌 것처럼 낯설게 느껴지는 때가 있었습니다. 그렇기 때문에 이처럼 책으로 만들어서 생각을 정리해두고 싶었고 제가 얻은 경험과 노하우를 온라인 유통을 시작하고 성장하려고 하는 이 책의 독자분들에게 전하고 싶었습니다.

저 또한 독자분들과 마찬가지로 매일 주어진 업무를 처리하며 살아가는 보통의 샐러리맨이었습니다. 특별히 재능이 있었던 것도 남보다 특별한 경험을 쌓은 것도 아니었습니다.

첫 사업의 실패로 인해 빚이 무려 1억 5천까지 불어났었고, 신용불량자 직전까지 경험해 보았습니다.

사업하다 보면 누구에게나 있을 수 있는 그런 경험이었습니다. 그러나 이 경험을 빛나는 황금으로 바꿀 수 있었고 그 방법은 아주 가까이에 존재하고 있음을 깨달았습니다. 그런 경험과 노하우를 이 책에서 독자 여러분에게 사실 그대로 전달드리려 합니다.

이 방법을 공개함에 있어 많은 고민에 고민을 거듭하였습니다. 물론 우리끼리 비밀로 하고 조용히 돈 버는 것이 편할 수 있습니다. 하지만 비전과 사명으로 1인 식품기업을 시작한 사람들이 저와 같은 시행착오를 겪지 않도록 하자는 신념으로 이 책을 집필하였습니다.

대부분의 사람들은 자신 안에 영웅이 숨겨져 있다는 사실을 알지 못합니다. 자신감을 잃고 인생이 다 그렇지 하고 넘어갑니다.

"포기하지 마라"

스스로 깨닫지 못하고 있을 뿐 언젠가는 당신 안에도 빛나는 보석이 감추어져 있다는 것을 반드시 알게 될 것입니다. 이 책은 그러한 기술을 전하고 당신 안에 감춰진 숨겨둔 영웅을 발견하기 위한 책입니다.

그렇다면 저의 경험과 당신의 경험이 어떻게 당신을 성공한 기업의 대표가 되고 부를 만들어주는지 지금부터 시작해보려 합니다.

끝으로 이 책이 출간될 수 있게 응원과 도움을 주신 정영민 트렌드헌터 대표님, 유노연 유통노하우연구회 대표님, 이윤환 복주요양병원 이사장님 그리고 이승민 작가님에게도 감사의 말씀을 전합니다.

당신은 왜 이 책을 집어 들었습니까?

제목이 마음에 들었습니까?
노란색 표지가 맘에 들어서?
어쩐지 모르게 무의식중에?

실은, 이 책에는 당신이 외면했던, 1인 식품 기업을 살리는 비밀이 있습니다. 하지만 장치 없이는 당신을 설득할 수 없기에 장치를 만들어 놓았습니다.

이 책에서 그 비밀을 공개합니다. 이대로 실천하면 3개월 이내에 당신의 기업을 고수익을 창출하는 기업으로 바꿀 수 있습니다. 그러나 상당히 파워풀한 방법이기 때문에 이 책을 추천하지 않는 분들도 있습니다.

돈 버는 것을 비양심적이라고 생각하시는 분,
지금까지와는 다른 사고방식을 꺼리는 분,
남의 것을 뺏어서 올라가는 것을 당연하게 여기는 분,

이런 사람들은, 이 책을 읽으면 기분이 상할 수도 있습니다.
상당히 주관적이고 직설적이며 때로는 불편하기 때문입니다.

지금부터 유통을 물건만 파는 것이라고 생각하는 분은 책을
덮으세요. 절대 읽지 마세요. 이 트리플 시스템은 당신이 하기
싫은 것도 하라고 말하고 있습니다. 누군가를 이용해서 사기를
치려는 사람도 읽지 마세요. 사기 치는 게 너무 쉬워질 수도 있
습니다.
지금까지 설명한 타입에 해당하는 분이라면 여기서 읽는 것
을 중단하시고 이 책을 잊어주시길 바랍니다. 하지만 그런 타입
이 아니시라면 이 책은 분명 여러분의 사업에 큰 도움이 될 것
입니다.

티핑파인더 서재에서

목 차

PART 01   대기업 회사원 제조사 사장되다

1인 기업을 시작한 사람들이
나 같은 시행착오를 겪지 않았으면 좋겠습니다.

- 티핑파인더 -

PART
01

저는 사회생활에서 항상 아웃사이더였습니다. 대학교, 장교 생활,
대기업 생활의 모든 부분이 조직에 적응하지 못하는 부적응자였습
니다. 하지만 사회에 적응하지 못한 결핍이 새로운 시스템을 만드는
것에 빠져들게 만들고 결국 2년 간 투잡으로 하던 일을 본격적으로
시작하기 위하여 2020년 3월 13일 회사를 퇴사하게 되었습니다.

대기업 회사원
제조사 사장되다

1인 식품기업으로
비상식적
온라인 유통
트리플 시스템 만들기

사회 시스템 부적응기
(부제: 대학&장교&대기업생활)

안녕하세요 첫 글로 대학&장교&대기업 생활을 하며 조직에 부적응한 이야기를 하려고 합니다.

저는 대학교에 들어가서도 잘 적응하지 못했습니다. 대학생활은 전혀 즐기지 못하고 더 좋은 대학에 대한 환상에 사로잡혀 의약대 편입 공부로 20대를 보냈습니다. 몸은 도서관에 있었지만 아무런 내적 동기가 없는 상태에서 공부를 했던 것으로 기억합니다. 그렇게 20대를 허송세월 보내고 의약대 편입에 떨어진 저는 아버지의 권유에 따라 군대를 어쩔 수 없이 장교시험을 쳐서 임관하게 됩니다. 군대에서의 하루하루는 지옥 같았습니다.

30명의 소대원들을 책임지고 있던 저는 군대를 3년이나 늦게 간 탓에 저보다 나이가 적은 선배 중위들에게 반말을 들으며 자존감까지 바닥을 치고 있었습니다. 2살 어린 선배에게 반말과 욕설을 받고 구타? 멱살까지 서로 잡았던 걸로 기억합니다.

또한 조직에 적응하기를 강요받고 부조리와 불합리를 참아내며 군대

생활을 하고 있던 도 중, 해병대의 강화도 총기 사고가 터지게 됩니다. 김일병 총기 사고 이후 소대원으로부터 기수열외라는 왕따 사건 제보를 받고 8명을 영창 보내고 주동자 대원을 상병 제대를 시키게 됩니다.

하지만 그 일로 미움을 받아 군대에서 부적응자로 낙인 찍히게 됩니다.

그렇게 군대 생활을 버티고 버티며 제대를 하고 바로 CJ제일제당에 식품생산관리 엔지니어로 취업을 하게 됩니다.

처음 신입사원으로 들어갔을 때는 이제는 군대를 나왔으니 정말 천국에 온 것 같았습니다. 제주도에서 꿈만 같던 신입사원 연수를 끝마치고 전혀 예상하지 못한 지방의 공장으로 배치 받게 됩니다.

신입사원의 열정은 딱 6개월도 안 간 것으로 기억합니다. 대기업의 조직생활도 다르지 않았습니다. 맡은 일을 해야 하며, 시간 맞춰 출근하고, 상사의 말을 들어야 하고, 시스템의 일부가 되기를 강요받았습니다. 그렇게 조직생활을 하던 도중 회식자리가 많아서 거의 매일 술을 먹었던 걸로 기억합니다. 그런데 직장동료에게 술을 먹고 트러블이 생겨 폭력을 당하게 됩니다.

그때 정신이 확 들면서 군대 생각이 났습니다. 또 반복되는구나 그리고는 팀장과 공장장님에게 사실을 이야기하고 폭력을 행사한 당사자가 빌고 그래서 더 크게 일을 만들지 않고 그냥 순응하면서 또 살아가게 됩니다. 그 사건이후로 저는 회사에 마음이 완전히 떠났고, 회사에서 해야 하는 일을 단 한 개도 제대로 해내지 못했습니다. 회사에서는 할 줄 아는 것이 없는 사원이 되었고 동기중에 가장 늦게 대리진급을 하게 됩니다.

인사팀에서는 관심사원으로 찍혀 전혀 업무를 해 낼 수가 없었습니다. 그렇게 아무 생각 없이 돈을 벌기 위해 회사를 다닌 것이 7년이였습니다. 대표님들로부터 회사 다니면서 지금의 결과를 만들어 낸 것이 정말 신기하다라는 말을 많이 듣지만 저는 생존의 문제였습니다.

회사에서 눈치 보면서 화장실에서 업무 처리하고 회사 끝나면 컨설팅을 하러 다니고 쇼핑몰을 키우고 사기당하고 광고비 엄한데 쓰고 하였습니다.

퇴사를 하게 된 결정적인 계기도 컨설팅을 새벽2시까지 서울에서 한 뒤 휴게소에서 눈을 잠깐 붙이고 출근을 하기위해 고속도로를 타고 가는데 졸음운전을 해 버린 겁니다. 지금도 생생하게 기억합니다.

정말 큰 트럭에 제 차가 부딪히고 차는 폐차가 되었습니다. 그때 조금만 핸들을 틀었다면 저는 죽었을 겁니다. 컨설팅과 제 사업을 정말 목숨 걸면서 하면서 회사 또한 다녔었습니다.

2주간 입원 및 요양을 하고 퇴원한 뒤 이런 생각이 들었습니다. 내가 더 이상 이 회사에서 퇴사하지 않는다면 1년안에 과로나 교통사고로 죽을 수도 있겠다는 생각이 강하게 들었습니다.

얼마나 회사사람에게 말을 꺼내는 것이 두려웠는지 생명의 위협을 느끼고 나서야 퇴사를 하겠다고 말하게 됩니다.

가끔 회사사람들이 안부전화가 옵니다. 퇴사직후엔 전화를 받았었습니다. 그런데 요즘은 전화를 받을 수가 없습니다. 이 사람들은 내가 지금 무엇을 하는지 모르기 때문입니다. 근 3년간을 부업을 숨기면서 회사를 다녀서 그런지 내가 잘못한 것 같고 예전의 사회 시스템에 적응하던 나의 모습이 생각나서 받을 수가 없습니다.

저의 치부와 못난 모습에 대해 첫 글에 우선 말씀드립니다.

대기업 회사원 제조사 사장되다 1편
(부제: 평범한 직장인이 커피숍 사장이 되는 과정)

지금부터 들려 드릴 이야기는 '1인 식품기업 연구소'를 만든 저의 이야기입니다.

먼저 저희 아버지는 잘나가던 공기업 성격의 협동조합 전문이사였으며 퇴직 후에는 충남 홍성에서 관련된 공장 사업을 크게 시작하셨다가 6개월도 안 돼 공장문을 닫았습니다.

그 결과, 수십억 원의 빚을 우리 가족이 떠안게 됩니다. 그때 저는 27살이었는데, 갓 장교로 임관을 하고 아무것도 모른 채 집에 왔습니다. 그런데 집은 이미 양재동의 복층 빌라에서 30년 된 10평짜리 아파트로 이사를 한 상황이었습니다. 그 무렵 어머니는 가정을 지키기 위해 1천만 원을 빌려 누룽지 장사를 시작하셨습니다.

군인 신분이었던 저는 어머니를 도와드릴 수 없다는 죄책감으로 괴로워하다 소대원들, 동료 부사관, 장교 및 주변 사람들에게 누룽지 판매 영업을 했습니다. 그렇게 길게만 느껴졌던 군 생활을 끝내고 세상의 기준에 맞춰 대기업 취직 준비를 하였었고, 전공 분야인 생명공학과 가장 연관성이 있는 식품 대기업 엔지니어로 입사하였습니다.

자기계발을 너무나도 좋아했던 저는 우연히 회사 선배의 권유로 미국의 어느 리더십 프로그램을 수강하게 되었습니다. 그곳에서 저는 '내가 왜 이 길을 가고 있는지, 왜 행복하지 않는지, 왜 아버지를 존경한다고 하면서도 실제는 미워하고 있는지?'에 대한 답을 얻은 후 저 자신의 행복도 찾고 부모님과의 행복한 가족생활도 이루게 되었습니다.

인식이 변화되면서 저 자신을 알아가게 되었고, 자존감을 회복하면서 제가 '왜 대학을 갔고, 장교가 되었으며, 대기업에 입사했는가?'를 본질적으로 깨달을 수 있었습니다. 사회의 기준, 세상의 기준, 주변의 말에 따라 결정을 하면서 저의 행복을 희생하였고, 어릴 때 아버지가 저를 무시했다고 생각하면서 그에 대한 오기로 아버지의 기준에 저를 맞추어 살아 갔었지만 늘 행복하지 않다고 불평만 하였었습니다.

교육을 통해 나 자신을 알게 되면서 다니던 대기업에서의 제 목표가 사라졌습니다. 몇 살이 되면 대리를 달고, 과장을 달고, 부장을 다는 식의 너무나도 예측 가능한 직장생활이었기 때문이었습니다. 그렇게 회사생활에 점점 흥미를 잃어가던 와중에도 늘 '어떻게 누룽지 사업을 키울 수 있을까?'라는 생각이 마음 한 켠에 자리 잡고 있었습니다. 그리고 어느 날 인터넷을 검색하다가 권리금 700만원에 월세 35만원짜리 상가 건물을 발견하게 되었습니다.

제가 잘 아는 공간인 원룸 앞에 커피숍을 열 수 있는 자리가 있었고, 뒤에 있는 창고에는 누룽지를 만들 수 있는 공간이 있었습니다. 회사 다니며 모은 자금으로 최소 자금을 충당해 저의 첫 사업을 이렇게 시작하게 되었습니다.

처음 사업을 시작할 때는 너무 재미있었습니다. 제가 직접 직원을 뽑아 카페를 꾸미고, 직원들과 아이디어를 내고, 신메뉴 개발 홍보 방법, 연구 마케팅 등을 자유롭게 추진하는 과정에서 작은 실패와 성공을 반복하며 사업을 진행하였습니다.

그 당시 저는 누룽지 온라인 판매에 대한 지식이 전혀 없어 여러 시행착오를 겪었습니다. 그리고 결국 시장성을 만들지 못하고 실패하게 됩니다. 이때 문득 떠오른 아이디어가 하나 있었는데 바로 '대전카페갈래'라는 '온라인 플랫폼'이었습니다.

마케팅 공부를 하던 중 제가 평소에 페이스북, 인스타그램을 재미있게 했던 데서 영감을 얻어, 저처럼 비상권의 조그만 카페를 운영하는 대전의 카페 사장님들이 수백 명이 있다는 것을 착안하여 이분들의 카페와 제 카페를 같이 홍보할 수 있는 플랫폼을 만들어보자는 생각을 하였습니다. 0명에서 시작한 '대전카페갈래'는 현재 1.2만 명의 페이스북 친구, 1만 명의 인스타 친구를 보유한 플랫폼이 되었습니다.

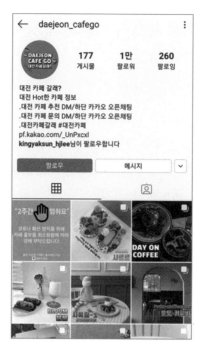

〈'대전카페갈래' 인스타그램 사진〉

　　오프라인 카페 사업을 하면서 인플루언서를 활용해 여러 채널에 카페를 홍보하고, 직원들이 개발한 메뉴가 인기를 끌면서 마케팅에 재미를 붙이게 됐습니다. 하지만 부업으로 하던 저는 절대적으로 시간이 부족했고, 재구매로 이어지는 매장 관리에서 실패를 맛봅니다. 만약 매장 관리에 성공하더라도, 조그만 카페의 회전율 때문에 일 매출 40만 원을 넘기기 어렵다는 것을 절실히 깨닫게 됩니다.

대기업 회사원 식품 제조사 사장되다 2편
(부제: 수천만 원 매출의 함정)

오프라인 커피숍 사업에 한계를 느끼던 즈음, 페이스북으로 건조과일 칩을 파는 사람을 만나게 되었습니다. 그분으로부터 판권을 인수받은 후 카페에서 온라인 쇼핑몰을 통해 건조과일 칩을 팔게 되었습니다.

그리고 사업을 더 확장하여 스마트 스토어와 SNS(소셜네트워크)를 통해서 판매를 시작하면서 '유통의 길'에 들어서게 됩니다. 이때 저로 하여금 마케팅에 눈을 뜨게 한 어느 강의에서 대형 SNS 벤더사 대표를 알게 되었고, 되지도 않는 포장재로 포장한 건조과일칩을 '카카오스토리/네이버밴드'라는 판로에 진입시키기 위해 삼고초려를 하게 됩니다. 3번 거절당했지만 결국 그분의 마음을 움직이는 데 성공해 건조과일 판로를 확보하게 되었습니다.

여기서 예상치 못한 행운이 나타납니다. 아래의 사진 파일 안에는 한 개당 수십 개의 주문 목록이 있는데, 이런 메일이 하루에 20개씩 쏟아졌습니다. 현재 CAPA(생산능력)의 약 20배에 해당하는 주문량이었습니다.

식품건조기를 10대까지 늘려도 생산능력을 감당할 수 없어서 중간정산을 받아 공업건조기를 들여오게 됩니다. 아마도 여기서 생산관리능력이 없고, 다른 사람들의 노력이 없었다면 매출을 올려놓고도 망하는 상황까지 치달을 수 있었습니다. 다행히 공업건조기 2대를 드려와 생산능력이 안정되어 일주일에 2천만 원을 정산 받게 되었습니다.

1인 식품기업으로 비상식적 온라인 유통 트리플 시스템 만들기

〈공동구매 주문이 물밀듯이 들어온 날〉

　일주일에 2천만 원을 정산 받으면서 생각했던 것은 이 돈을 지속적으로 2~3달 동안 매달 벌 수 있을 거라는 생각이었습니다. 하지만 이 생각은 후에 말도 안 되는 생각이었다는 것을 깨닫게 되었습니다.

　첫 시작에 여러 채널에 수천만 원의 매출을 올리면서 자신만만해진 저는 '코워킹스페이스'라는 무리한 사업 확장을 시도하고, 광고비까지 과도하게 지출하면서 망하기 일보직전까지 가게 됩니다.

　물론 지금 생각해 보면 이러한 과정들 덕분에 빠르게 다양한 실패를 하면서 많은 학습을 한 것이 지금의 리스크 방지 시스템에 굉장한 도움이 되었으나, 그 당시에 이러한 저의 행동이 제 첫 사업이 실패하게 되는 큰 요인이 되었습니다.

대기업 회사원 식품 제조사 사장되다 3편

(부제: 트리플유통시스템의 탄생)

〈트리플 유통시스템 마인드맵〉

제가 첫 사업의 실패 이후 많은 것을 깨닫고 만든 '트리플 유통시스템' 이라는 것이 있습니다. 제가 사업을 하면서 만들어 놓은 1인 기업을 위한 최강 전략 시스템입니다. 그 트리플 유통 시스템에 대해서 간략하게 이야기 드리려 합니다.

트리플 유통시스템 구축은 '트리플'이라는 말처럼 세 가지 부분으로 유통분야를 확장함으로써 안정적이고 지속 발전 가능한 시스템을 만드는 것을 뜻합니다.

첫 번째, 제조를 통한 '도매 시스템'입니다.

1인 식품기업 연구소의 모체는 건조과일 도매 카페였습니다. 그리고 어떻게 식품 관련 도매시스템을 구축할까 생각하다가 우연히 '관계 우선의 법칙'이라는 책을 읽게 되었습니다. 이 책에는 미국의 조그만 차 (tea) 회사가 기존의 판매 방식에서 벗어나 세계의 차 농장 데이터, 차 관광지, 차에 대한 지식 정보 등을 한 사이트에 모으기 시작하면서 경쟁사들을 통합한 기업의 이야기가 들어 있습니다.

○○○기업의 사례를 보고 떠오른 아이디어로 스마트 스토어, 공동구매만 하던 제가 도매를 한다면? 그리고 제가 정말 잘나가는 경쟁사의 유통구조 속에 존재한다면 그들을 굳이 이기지 않고도 그들의 수익 일부를 저의 것으로 만들 수 있겠다는 생각이 문득 들었습니다.

실제로 ○○○기업의 사례를 활용하여 1인 식품기업 연구소 카페 내에서 컨설팅을 시행하면서 컨설팅 회원분들이 저의 제품을 OEM/ODM을 하셨습니다. 또한 컨설팅 회원분들이 상품 판매에 내공과 실력이 쌓일수록 제조사의 이익이 극대화되는 그런 시스템을 만들었습니다.

컨설팅을 받지 않아도 기존의 잘나가는 경쟁사들이 OEM으로 저의 제품을 가져가면서 저희가 중간 마진을 취하는 도매 시스템을 만들었습니다. 한마디로 경쟁사를 이기려고 하는 1차원적 사고방식에서 벗어나 경쟁사들을 통합하는 시스템이 탄생한 것입니다.

두 번째, 1인 브랜딩을 통한 '지식창업시스템'입니다.

사업을 하거나, 직장을 다니거나, 심지어 알바를 했던 경험조차도 돈으로 바꾸는 원가 '0'원의 지식창업은 일반적으로 물건을 팔 생각밖에 안 하는 기존 유통구조의 단점을 확실하게 극복할 수 있는 시스템입니다.

실제로 온라인 사업은 초기 진입이 쉽습니다. 왜냐하면 위탁판매만으로도 사업을 시작할 수 있기 때문입니다. 하지만 깊숙이 들어가면 갈수록 사업으로 인한 포장재 재료비, 광고비 등으로 투자비용이 늘 수밖에 없으며, 실제로 30억 이상의 매출을 올리는 유통업체 중에서도 저마진과 계속되는 고정비 및 변동비로 고통을 받는 대표님들이 의외로 많습니다. 그 이유는 온라인 사업에서는 물건이 팔려도 원재료비를 구매하는데 돈이 필요하고, 물건이 안 팔리면 과도한 광고비 및 인건비를 지출할 수밖에 없는 구조이기 때문입니다.

이것을 극복하는 유일한 방법은 온라인 판매에 있어 정확한 지식, 내공 그리고 자본을 가지고 있는 것입니다. 정확한 지식과 내공은 수많은 실패 또는 고액의 유료 강의를 통해서, 초기 진입 시 엄청난 내공을 기초로 자본을 정확한 곳에 투입하지 않으면 살아남을 수가 없습니다.

저의 '지식창업 시스템'을 이루고 있는 근본은 빠른 실행과 그로 인한 성공과 실패 경험입니다. 특히 성공에서도 많이 배우나 실패에서 더 많이 배우기 때문에 이런 실패의 부분들을 담아 저의 컨설팅 회원분들께 '어떻게 하면 실패를 줄이고 빠르게 사업을 성장할 수 있을지'에 대해서 전수해 드리고 있습니다.

또한 저는 저의 실패를 숨기지 않습니다. 다른 사람들과 정반대로 행동합니다. 다른 사람들이 자기의 치부를 숨기며 성공 사례와 돈 자랑을 할 때, 저는 정반대로 행동합니다. 왜냐하면 치부를 숨기는 것은 진실을 가리는 행위라 생각하기 때문입니다. 혹시 수십억의 매출에 숨겨진 엄청난 내부 시스템이 있을 거라는 생각을 해본 적이 있으신가요? 초반에 1인 창업을 하는 분이 수십 명을 거느리고, 수 억 원의 자본을 이길 수 있을까요? 비법은 있지만 그 비법만 가지고는 절대 성공할 수 없습니다. 그 비법을 받칠 수 있는 시스템이 필요합니다. 그 시스템을 하나하나 갖춰 나가는 사람만이 살아남습니다.

마케팅 전략 중에는 '포지셔닝(Positioning)'이라는 단어가 있습니다. 미국의 마케팅 전문가인 잭 트라우트가 말하기를 '포지셔닝(positioning)은 소비자들의 마음속에 자사 제품의 바람직한 위치를 형성하기 위해 제품의 효능과 혜택을 개발하고 커뮤니케이션을 하는 것'이라고 합니다.

그러니 언제나 정직하게 포지셔닝을 해야 합니다. 주의의 관심을 끌기 위해 이야기를 조작하면 머지않아 누군가 비밀을 폭로할 것이고, 이에 당신은 양심의 가책을 느낄 것입니다. 그리고 양심의 가책은 아주 오랫동안 사라지지 않습니다. 그러므로 진심으로 감정에 호소하고 진실함을 잃지 말아야 합니다.

혹시나 당신이 전문가가 아니어서 망설이고 있다면 위에 있는 포지셔닝의 정의를 내재화하고 과연 내가 소비자의 감정에 진심으로 호소하고 진실하고 당당하게 말할 수 있는가에 집중해보세요.

혹시 그것에 대한 답이 나왔다면 당신의 경험은 수십억의 결과를 낸 경쟁자보다 강력해질 것입니다. 실제로 소비자는 범접하기 어려운 전문가보다는 준전문가라고 불리는 실제적이고 구체적인 방법을 가진 사람을 더 원하는데 이는 이런 준전문가들이 소비자들의 구매선택에 더 도움을 주기 때문입니다.

세 번째, 정보 비즈니스를 통한 '소매유통 시스템'입니다.

'타이탄의 도구들'이라는 책을 아시나요? 이 책에서 말하는 도구들을 활용하면서 정보 비즈니스를 이해하고 내재화한다면 천재를 이길 수 있는 아이디어를 얻을 수 있습니다. 왜냐하면 온라인 마케팅 기술 중에는 간단한 원리만 이해하면 실행할 수 있는 것들이 많고 그 정보가 많으면 재조합을 해서 사업 시스템을 만들 수 있기 때문입니다. 또 약간의 비법들을 모아서 엄청난 방법과 비즈니스를 창출해낼 수 있습니다.

이 트리플 시스템을 통해서 제가 이야기하고 싶은 것은 아래와 같습니다.

'시스템이 돈을 벌어들인다.'

제가 사업을 하는 동안 가장 오만했던 시간이 있었습니다. 그 마인드를 가졌을 때 사기도 당하고 신뢰도 잃었습니다. 그래서 과거의 오만을 되풀이하지 않기 위해 지금도 지속적으로 마인드 컨트롤을 하고 있습니다.

사업에 대해서 아무것도 모를 때, 공동구매로 일주일에 2천만 원을 벌었던 경험으로 인해 저 스스로 잘난 줄 알아 광고비를 마구 썼고 실력도 없으면서 일만 크게 벌였습니다. 그런데 가만히 생각해보면 제가 매출을 올리기 위해서는 저의 뒤에서 저희 가족이 몸이 상해 가며 생산을 해야 했고 직원들은 어디로 튈지 모르는 대표를 서포트하기 위해 리스크 관리를 하면서 잘못된 건 없는지 수십 번 확인해야 했습니다.

또한 저의 공동구매 개인 벤더는 콧대 높은 인플루언서들에게 우리의 제품을 알리기 위해 24시간 종일 머리를 조아리며 굽신굽신 하고 있었습니다. 또한 재택 알바생은 수백 개의 네이버 카페를 돌아다니며 바이럴 글을 적었습니다. 배송을 담당하는 직원은 시도 때도 없이 입금을 하고 송장을 입력했습니다. 이들의 노력을 생각해보면 지금까지 저는 아무 것도 아니었습니다.

1인 식품기업으로 비상식적 온라인 유통 트리플 시스템 만들기

저의 능력이 출중해서가 아니라 시스템 속에 있는 사람들의 노력이 저의 진심과 맞아 떨어져 결과가 나온 것이었습니다. 당시 저에게 돈을 벌 수 있는 시스템이 있었기 때문에 돈을 벌었던 것이었습니다. 마지막으로 아직 제가 하고 있는 것은 아니지만 앞으로 나아갈 방향을 이야기하면서 마무리하려고 합니다.

'노동은 자본을 이길 수 없다.'

제가 하는 사업을 1년여간 지켜본 저의 지인이 제 사업에 투자하려고 했습니다. 그는 통장에 약 1억 원의 돈을 항상 현금으로 가지고 있었고 될 만한 곳에 투자를 하면서 수익을 5:5로 배분하는 투자 사업을 하고 있었습니다.

저는 사업을 하지만 투자자는 돈을 효율적으로 배치하고 돈이 일하도록 해 자산을 증식시킵니다. 그렇다면 우리는 사업을 어떻게 해야 할까요? 저는 사업을 궤도에 올려놓은 사람들과 미팅을 하면서 그 사람들이 공통적으로 자신의 자본과 인프라를 이용해 공동사업을 하고 회사를 키워 M&A를 진행하면서 차액을 챙기는 방식을 쓰고 있음을 알게 되었습니다.

아직 그 수준까지 가지는 못했지만 이제는 정확한 정보와 실력을 근거로 자본을 투입하고 돈이 돈을 벌게 하는 시스템을 갖추려고 합니다.

공부 잘하는 사람이 사업하기 힘든 이유
(부제: 프레임 속 정답만 찾는 사람들의 실수)

이번 글에는 공부 잘하는 사람들이 사업하기 힘든 이유에 대해서 이야기하고자 합니다.

먼저 저의 경험을 토대로 우리나라의 교육을 이야기해보면, 저는 학창 시절 공부를 굉장히 못했지만 공부에 굉장히 집착하는 모습을 보였습니다. 과거를 돌이켜보면 단순히 왜 공부해야 하는가를 모른 채 사지선다형 질문에 답을 찾는 연습만 계속했던 것 같습니다.

20대에는 원하는 대학에 들어가지 못해 편입을 통해 더 좋은 대학에 들어가고자 했으며 편입을 하고 나서는 전문직이 되어야 돈을 많이 벌고 행복할 수 있다는 주변의 프레임에 속아서 의학전문대학원 공부까지 하다 실패하였습니다.

장교가 돼야 대기업에 들어가기 좋다는 아버지의 조언대로 장교가 되었고 결국 대기업에 입사하면서 정말로 사회가 만든 프레임에 집착하는 모습과 결과를 만들어 왔습니다. 저는 철저히 사회의 프레임 속에 갇혀서 행동해왔던 사람입니다.

우리나라의 교육은 정해진 답을 찾는 방식으로 획일화돼 있으며 그 정답을 교과서에서 찾는 사람만이 좋은 대학에 들어가고 좋은 직업을 얻을 가능성이 커지는 시스템과 프레임에 갇혀 있습니다. 답을 잘 찾는 시스템 속에서 자란 사람들이 바로 고학력자들입니다.

그런데 고학력자들은 자신들만의 카르텔을 형성해 기득권을 형성하고 언론 및 자신의 권위를 이용해 여기에 반하는 사람을 깔아 뭉개 버립니다.

그런데 이 시스템을 만들어낸 사람은 누구일까요? 바로 기득권층입니다. 여기에서 사회 기득권층이란 우리나라를 움직이고 있는 자본가, 전문직, 고위 공무원 등입니다. 요즘 뉴스를 보면 기득권층이 얼마나 무서운 사람들인지 여실히 볼 수 있습니다. 자기의 이익에 반하는 행동을 하거나 변화를 만들려고 하는 사람을 철저히 깔아뭉개고 절망시킵니다.

그럼 왜 고학력자들이 자기 사업을 할 때 불리할 수밖에 없는가에 대해서 이야기하고자 합니다. 미국에 있는 실리콘밸리의 페이스북에 투자를 하며 신의 손으로 불리게 된 피터 틸의 '제로 투 원'이라는 책이 있습니다.

피터 틸은 책에서 젊은이들에게 학교 교육보다 학습을 우선하라고 권함으로써 전국적 논쟁을 불러일으키기도 했습니다. 왜냐하면 대학교를 중퇴하고 창업하는 조건으로 틸 장학금(THIEL FELLOWSHIP)을 만들어 장학생으로 선정된 학생에게 10만 달러를 지원하기 때문입니다. 또한 그가 이끌고 있는 틸 재단(THIEL FOUNDATION) 역시 기술 진보와 미래에 대한 장기적 생각을 촉진하기 위해 노력하고 있습니다.

학교 교육을 잘 받으면 사회라는 프레임 속에서 잘 살 수 있는 방법을 배우게 됩니다. 그런데 사업은 사회의 프레임과 전혀 다른 나만의 시스템과 프레임을 만드는 작업입니다. 절대로 정답이 있을 수 없습니다. 일명 복잡계입니다. 반면 사회의 프레임은 단순계로 정답이 정해져 있습니다.

우리가 보고 읽는 모든 것들은 정치인, 광고주, 심지어 동네 슈퍼마켓 직원에 의해서도 가공 및 왜곡될 수 있습니다. 따라서 우리가 해야 할 일은 모든 책을 비판적으로 읽고 모든 일상에 대해 회의적 시각을 가지는 것입니다. 스스로 내공을 쌓고 미친 생각을 가져야 합니다. 일반인들이 미친놈이라고 불러도 사업을 제대로 한다면 성공할 확률이 높아집니다.

언제까지 기득권층의 프레임 속에서 살 겁니까? 언제까지 누군가의 추종자로 살 겁니까? 그러면서 왜 사업을 합니까? 직장을 다니세요. 당신이 사업을 하는 이유를 명확히 하십시오. 사업은 기존의 기득권층의 생각을 무너뜨리고 소비자 및 사업자들에게 전혀 다른 시스템과 제품을 제공하는 겁니다.

기득권층이 지배하고 있는 사회 프레임에서는 절대 이런 것을 말해주지 않습니다. 대중들을 속여야 자신들이 편하고 돈을 많이 벌 수 있기 때문입니다.

시험은 교과서를 잘 공부하면 되지만 시험이나 학교 제도에 반하는 생각을 하면 부적응자로 몰립니다. 교과서를 공부하지 마시고 교과서를 만드는 사람이 되세요. '자기신뢰'라는 책을 쓴 에머슨은, 같은 능력을 갖고 있더라도 자기 자신을 믿는 사람과 그렇지 못한 사람은 결과 면에서 큰 차이가 난다고 했습니다.

그리고 그 차이는 자존감, 자기 신뢰에 있다고 합니다. 자존감이 낮으면 사회의 프레임이 '이건 아니다.'라고 하면 포기해 버립니다. 왜냐하면 프레임에 갇혀서 자기 자신을 못 믿고 사회 시스템을 믿고 의지하기 때문입니다.

'사장 학교'의 김승호 회장님이 인터뷰에서 한 말이 기억납니다. '가장 좋은 선생님은 자기 테두리에 가두지 않고, 배우려는 사람들이 나를 넘어서는 것을 추천하는 사람'이라고 하였습니다. 이 말을 곱씹어 보면 얼마나 많은 선생님이 제자들을 자기 테두리와 사회의 프레임에 가두려고 하는지 알 수 있습니다.

기득권층이 만들어 놓은 프레임에 자기를 맞추지 마십시오. 자기 자신을 믿고 남들이 가지 않은 길을 개척할 때 새로운 프레임을 만들어낼 수 있습니다.

> **요약**   온라인 사업에 들어오실 거면 이 판에서 누가 누구를 속이고 있는지, 어떤 것이 진실인지를 정확하게 파악하고 시작하여야 합니다. 즉 비판적인 사고를 가져야 합니다. 또 어떤 강사와 어떤 사람의 추종자가 되지 말고 그 사람이 어떻게 대중을 조종하는지를 철저하게 파악하십시오.
>
>   조종하는 사람에게도 배울 것은 있습니다. 그 사람의 노하우를 내 것으로 흡수하고 나에게 맞는 시스템을 만드십시오. 저에게 상담을 받는 분들에게 늘 말씀드리는 것이 "절대 저를 추종하지 마세요. 추종할 만한 것도 없습니다." 입니다. 제가 알려 드리는 것을 복사 및 수정하여 자신만의 색깔을 만들고 대중을 진심으로 대하세요. 그러면 사업은 반드시 성공하게 됩니다.

다단계(네트워크 마케팅)에 당하지 않는 방법
(부제: Platformer와 Performancer의 차이)

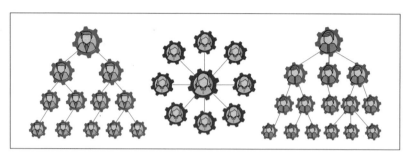

〈다단계 마케팅 시스템〉

이번 글에서는 다단계 시스템에 대한 이해를 통해 기존과는 다른 시각으로 플랫포머(Platformer)와 퍼포먼서(Performancer)의 차이를 말씀드리겠습니다.

우선 다단계의 정의부터 보겠습니다. 다단계 마케팅(Multi-Level Marketing, MLM)은 "제조업자→도매업자→소매업자→소비자"와 같은 일반적인 유통 경로를 거치지 아니하고 다단계(多段階), 즉 다(많은) 단계의 회사 및 판매원들이 거래에 참여하는 유통 방식입니다.

유통 방식뿐 아니라 후원 수당에서도 다(많은) 단계적 개입이 이뤄지는데 이렇듯 다단계의 질적 의미에서 후원 수당의 단계적 배분이 더 큰 의미를 갖는다고 볼 수 있습니다.

우리나라에서는 다단계를 향한 인식이 굉장히 안 좋습니다. 그런데 서양에서는 '네트워크 마케팅'이라는 분야가 굉장히 발달해 있습니다. 우선 비정상적인 다단계를 제외하고 정상적인 다단계를 '네트워크 마케팅'이라고 정의하겠습니다. 아래에서부터는 저의 이야기입니다. 다만, 확증편향 없이 글을 읽어 주십시오. 온라인 유통시스템을 이해하는 데 도움이 많이 되실 겁니다.

저는 ○○○라는 건강식품 네트워크 마케팅 리더십 프로그램에 1박 2일 동안 참여했으며, 미국의 리더십 프로그램인 교육 다단계 즉 네트워크 마케팅을 약 2년 동안 경험 및 실행해봤습니다. 전자의 건강식품 회사는 엄청난 제품력을 토대로 전 세계적으로 리더십 프로그램과 제품(건강기능식품)을 지원하고, 소비자가 판매자(사업자)가 돼 사업자로서 판매를 통해 수당을 가져가는 시스템을 가지고 있습니다.

후자의 교육 리더십 프로그램은 높은 퀄리티를 토대로 인간에 대한 이해를 하고 거절을 받아들이는 연습 등을 실행하는데 굉장히 효과적입니다. 이것은 가족 등의 소중한 사람에게 상품을 자연스럽게 추천하면서 네트워크 마케팅을 진행해 나가는 구조입니다.

그렇다면 지금부터 본격적으로 다단계의 구조를 살펴보겠습니다. 위에 있는 두 가지 프로그램의 공통점은 제품력입니다. 제품력이 뛰어나다는 전제 조건이 성립되면 이 글을 읽고 계신 대표님들 모두 다단계의 다이어몬드 꼭대기에서 사업 시스템을 만들 수 있습니다.

일반인들은 어떤 제품이 좋아서 네트워크 마케팅 시스템에 들어갑니다. 하지만 제품력이 좋은 제품을 가지고 있는 사람은 굳이 시스템에 들어가지 않고도 동일하거나 차별화된 기존 시스템의 단점을 보완한 네트워크 마케팅 시스템을 만들 수 있습니다. 네트워크 마케팅에서 물건이나 서비스를 파는 사람을 '퍼포먼서'(셀러)라 칭하고 제품을 기획하고 만들어내며 시스템을 만드는 사람을 '플랫포머'라 합니다.

여기서 궁극적으로 장기적으로 가장 많은 이득과 함께 많은 시간과 돈을 가지는 사람은 누구일까요? 당연히 시스템을 만든 '플랫포머'입니다. 이 게임에서는 '퍼포먼서'는 절대 '플랫포머'를 이길 수 없습니다.

일례로 정말 물건을 잘 파는 셀러가 있는데 아이템의 수명이 다하면 어떻게 해야할까요? 다시 아이템을 찾아야 하고 그 아이템에 맞는 또 다른 전략을 세워 지속적으로 마케팅을 해야 합니다. 그러나 '플랫포머'는 시스템을 만들어 놓아서 '퍼포먼서'들을 계속 해서 모집하기만 하면 됩니다.

이러한 구조 하에서 '퍼포먼서'는 절대 '플랫포머'를 이길 수 없습니다. '퍼포먼서'는 자기가 물건을 팔지 않으면 돈을 못 법니다. 하지만 '플랫포머'가 '퍼포먼서'들이 지속적으로 들어오게 하는 시스템을 구축해 놓으면 그들이 시스템 속에서 계속 물건을 팔아주게 됩니다.

제가 운영하는 1인 식품기업 연구소에도 다단계 시스템이 어느 정도 숨어 있습니다. 저희는 식품이라는 카테고리 안에서 트렌드를 포착해 제품을 기획하고 생산합니다. 또한 저희는 자사 브랜드도 가지고 있습니다. '플랫포머'인 동시에 '퍼포먼서'인 셈입니다. 실제로 스마트 스토어 빅파워 몰 및 오프라인 대형 유통업체 등이 저희 제품을 사입하여 판매하고 있습니다.

저희는 이분들과 수익을 공유하며 성장합니다. 그리고 C TO C 시장에서도 바이럴 마케팅 및 공동구매 등을 시행하는 여러 '퍼포먼서'들을 보유하고 있습니다. 컨설팅을 받는 분들도 OEM/ODM으로 생산해 갑니다. 또한 제가 받은 교육 리더십 프로그램의 시스템을 일부 적용해 차별화하고 이를 변형한 컨설팅을 통해서 서로 Win-Win 구조로 수익을 내고 있습니다.

결국, 저는 다단계 교육을 받아서 다단계 시스템 속으로 들어간 것이 아니라 받은 교육을 토대로 저만의 다단계 시스템을 구축해 꼭대기인 다이아몬드 위로 올라간 겁니다.

○○○회사의 다이아몬드를 달성하려면 엄청난 노력과 수많은 거절, 리더십 등이 필요합니다. 이 시스템을 만드는 것에도 많은 노력과 수많은 거절과 리더십이 필요하지만 시스템 속에서 다이아몬드를 달지 않아도 시스템을 만들면 다이아몬드가 되는 겁니다. 이것은 단순한 인식 차이와 행동 차이입니다.

자, 이제 이 글을 읽는 독자분들께서 선택하시기 바랍니다. 기존 시스템안에서 잘할 것인 지 내가 시스템을 만들어 나갈 것인지 말입니다.

나의 분신을 만드는 방법(이론편)
(부제: 멀티플레이어 인재를 확보하는 방법)

혹시 영화 중에 '아일랜드'라는 영화를 보신 적이 있으신가요? 인간을 복제해서 복제인간들이 자신이 복제인간인지 모르고 생활하다가 자신이 복제인간임을 깨닫는 내용입니다. '분신 시스템'이란 이 영화에서 말하는 복제인간처럼 사업 시스템에 내 생각과 행동을 그대로 복제하는 직원을 만들어 내는 시스템을 말합니다.

시행착오를 겪으면서 직원 관리에 실패한 경험과 지금까지 지속적으로 연구하고 고민해온 멀티플레이어 직원 확보 방법에 대해 이야기하겠습니다.

우선 지금부터 설명할 방법에는 복합적인 요소가 있습니다. 이대로 한다고 100% 성공을 보장하는 것은 아닙니다. 다만 성공 확률을 높일 수는 있습니다. 이런 방식을 수없이 시도하면서 직원 관리에 실패해 보았지만 지금 이 순간에도 저는 지속적으로 구인 활동을 하고 있습니다.

현재 저의 직원은 한 명인데 웹디자인, SNS 글 업로드, 홈페이지 관리, 입점 된 곳에 상품 등록하기, 공동구매 MD, 라벨 디자인, 패키지 디자인 등 사업에 관한 전반적인 것들을 컨트롤하고 있습니다. 저의 사례를 든 것이므로 본인의 상황에 맞게 변형하시면서 아래와 같이 진행해 보시 길 추천드립니다.

티핑파인더가 구인하는 방법

1. 우선, 사람인, 잡코리아의 기업 회원으로 가입합니다.
2. 인재 검색 유료상품을 구입합니다.
3. 본인이 사는 지역의 디자이너 중에서 구직 활동을 하고 있는 인재를 검색합니다.
   1) 기준: 마케팅에 관심이 있는 20대 + 경력 1년 미만 (경력이 많으면 아무래도 그에 상응하는 월급을 줘야 하기에 1인기업을 하는 입장에서 고정비용 감당이 쉽지 않습니다.)
   2) 근무 조건: 부업 가능, 재택 근무, 프리랜서 계약 조건, 주 1-2회 미팅 기준(꼭 계약서 및 4대보험을 적용해줍니다.)

4. 약 50명 정도의 인재에게 연락하면 실제로 면접을 보는 경우는 5-10명 정도입니다.

5. 약 5-10명의 인재에 대한 면접을 실시합니다.

6. 채용 기준

1) 선불로 월급을 달라는 디자이너는 채용하지 않습니다. 사람이 돈을 먼저 받으면 마음이 약해져서 일을 제대로 안 합니다.

2) 월급이 적다는 불만을 은연중에 보이면 채용하지 않습니다. 직원의 실력은 키워주면 됩니다. 기존 쇼핑몰에서 3-6개월 정도 수습 일을 해본 직원이 적합합니다.

3) 심성이 착한 사람, 능력을 키우고 싶은 사람 위주로 채용을 합니다.

7. 필요 역량

1) 웹디자인, 즉 상세페이지를 제작할 수 있어야 합니다.
2) 네이버카페, SNS 인스타, 페이스북을 자연스럽게 사용할 수 있어야 합니다.

이렇게 정리했지만 확실한 답은 없습니다. 심지어 저도 추가로 인재를 채용하려다가 실패한 경우가 다반사입니다. 하지만 세상은 넓고 인재는 분명히 있습니다. 진흙 속에 다이아몬드 같은 인재가 분명 존재합니다. 그 인재를 만나기 위해 구애활동을 하는 것입니다. 끊임없이 만나보고 같이 일해보고 안 맞거나 관리에 실패하면 바로 제거하고 다른 인재를 찾아 나서야 합니다.

별첨 1 **나 대신 일하는 시스템을 만드는 방법**

나 대신 일해주는 플랫폼, 나 대신 일해주는 책, 나 대신 일해주는 미디어를 계속 만드십시오. 고객과 힘들게 상담하지 않아도 됩니다. 발로 뛰어다니는 영업도 필요없습니다. 현재 유통 부문에는 저 대신 일하는 분신들이 곳곳에 있기 때문에 기획과 관리만 제대로 해 놓으면 시스템이 알아서 문제없이 돌아갑니다.

아래의 사업 구조를 보십시오.

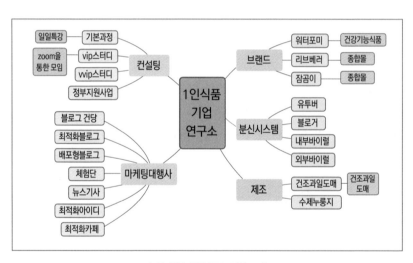

〈1인 식품기업연구소 사업구조〉

　　　　　1인 식품기업으로 비상식적 온라인 유통 트리플 시스템 만들기

저 대신에 일하는 생산 공장, 로고 패키지 디자이너, 웹 디자이너, 오픈마켓 관리자, 발주 시스템, 거래처 관리 등의 시스템을 만들어 나가면 하나하나 자동화할 수 있습니다. 혼자 하려고 하면 할수록 사업이 어려워집니다.

욕심을 버린 채 수익을 배분하고 시스템을 갖춰 나가십시오. 컨설팅 시스템이 책 출판 시스템, 현재 구축 중인 강의 시스템, 영상 시스템, 마케팅 플랫폼 시스템, 카페 전문 디자이너 등의 시스템을 갖추게 된다면, 해외에서 여행을 하며 일하는 시간과 돈으로부터의 자유를 얻는 인생을 살 수 있습니다. 소위 오늘날 우리가 이야기하는 *디지털노마드 같은 것입니다. 여러분도 디지털 노마드가 될 수 있습니다.

*디지털 노마드 : 시간과 장소 구애없이 일하는 디지털 유목민.

나의 분신을 만드는 방법(실전편)
(부제: 신입 직원이 가능한 이유)

이번 글에서는 '나의 분신을 만드는 방법 (실전 편)'에 대해 상세하게 공유하겠습니다.

결론부터 말씀드리자면, 신입 직원 채용의 핵심은 회사와 대표의 인격, 유능함 그리고 시스템입니다. 너무 추상적인 말인가요? 아래와 같이 구체적인 예를 들어 설명하겠습니다.

첫째, 인격은 대표와 함께 일하고 싶은 마음이 들도록 하는 것입니다. 미팅 시에 느끼는 회사 대표의 에너지로 이것을 판단하게 됩니다.

둘째, 유능함은 대표와 함께하면 배울 게 많을 것 같다는 생각을 심어주는 것입니다. 미팅 시에 우리와 함께하면 어떤 미래가 만들어질지를 구체적으로 그려줍니다.

셋째, 인센티브 시스템입니다. 가령 물건을 팔면 판매금의 30%를 지급하고, 회사가 줄 수 있는 최대한의 것을 직원이 가져갈 수 있게 기회를 부여합니다. 인센티브를 설정해 직원이 여러 방면의 서로 다른 수익 구조를 가질 수 있게 시스템을 세팅합니다.

제가 대전에서 카페를 하면서 커피 점 직원들에게 제품 개발 시 인센티브를 준 적이 있습니다. 그리고 제가 여름시즌에 카페 손님이 많았던 이유는 직원들에게 파격적인 인센티브를 주었기 때문입니다.

〈인센티브제도로 인해 매출이 늘어난 커피 점 사진〉

이렇게 된다면 그 직원은 지금의 보수와는 상관없는 사업 파트너가 되고 적절히 배합된 인간적인 관계+업무적 관계 아래에서 당신과 함께 하는 사람이 되는 것입니다.

요즘 읽고 있는 책 중 하나인 '실리콘밸리의 팀장들'이란 책에는 아래와 같은 문구가 나옵니다.

"관계의 핵심은 닭과 달걀의 관계이다. 좋은 관계없이 책임을 다할 수 없으며 책임을 다하려면 좋은 관계가 반드시 필요하다."

여기서 가장 중요한 한 가지는 관계입니다. 새로운 관계의 가장 중요한 핵심은 '완전한 솔직함'입니다. '완전한 솔직함'의 두 가지 요소는 '개인적 관심(업무적 관계를 넘어서는 것)'과 '직접적 대립(직접적으로 피드백을 전하는 것)'입니다. 서로에게 완전히 솔직해질 때 신뢰를 구축하고 의사소통의 문을 열수 있으며 이를 기반으로 목표를 달성할 수 있습니다. 실제로 저는 컨설팅 인원들과도 솔직한 관계를 만들고 있습니다. 우리는 이런 상태를 유지하기 위해 서로의 사업에 대해 진솔하게 대하며 내 사업처럼 생각하며 일하고 있습니다.

이런 토대가 되는 것 중에 하나가 1인 식품기업 연구소에 연재해서 올리는 티핑파인더 칼럼입니다. 제 칼럼과 타 카페 칼럼에서 가장 다른 부분은 바로 '완전한 솔직함'입니다. 제가 쓰는 사업칼럼에 거짓말이 있다면 1인 식품기업 연구소 카페가 성장하지 못하였을 것입니다.

직원이 내적 동기를 가지게 하는 가장 확실한 방법

(부제: 대표가 내적 동기도 없으면서 직원이 일하기를 바라지 마라)

이번 글에서는 컨설팅을 아무리 해도 잘 돌아가지 않는 분신 시스템을 어떻게 동기부여 하면서 시스템을 유지하고 발전해 나가는지에 대한 방법에 대해 다루고자 합니다.

우선 이런 말을 해보신 적이 있으신가요? 저는 정말 많이 해봤는데 아무 효과를 볼 수가 없었습니다.

"~를 하면 ~를 해 줄게"

그런데 이런 약속을 하면 거의 어떻게 됩니까? 직원은 잠깐 따르다가 흥미를 잃고 맙니다. 이 방법은 익숙한 과제 단순 업무에서만 빛을 발합니다. 가장 흔한 실수는 "성과가 나면 이렇게 해줄게"입니다. 약속은 기대를 부르고 기대는 불신을 부르고 그렇게 망하게 됩니다.

그렇다면 무엇이 필요할까요?

일반적으로 직원 시스템의 동기부여를 잘하는 대표에게는 이런 능력이 있습니다.
1. 내적 동기
2. 문제 해결능력
3. 인내력

당신이 대표라면 직원들이 내적 동기를 갖도록 해주어야 합니다. 어떻게 하냐고 물어보신다면 여러 가지 방법이 있지만 방법보다는 우선 회사 대표 자체의 내적 동기와 비전이 명확하고 높은 상태에 있어야 합니다.

그렇다면 직원들의 내적 동기는 어떻게 높일 수 있을까요?

첫 번째, 과도한 리액션입니다.

이런 말을 아시나요? 내가 행복해지면 남을 도우려는 의지가 200% 향상됩니다. 저는 직원들 및 파트너들에게 리액션이 과도한 편입니다. 직원과의 카톡 내용을 공개합니다. 여기에 비밀이 있습니다.

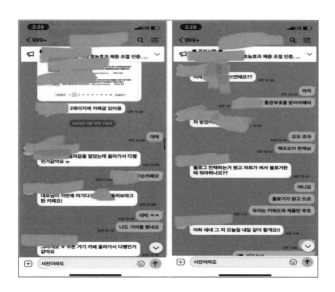

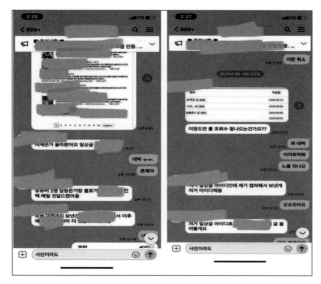

〈직원과의 카톡내용〉

위의 카톡을 보시면 대박!! 천재!! 오오!!를 남발을 하고 있습니다. 실없어 보인다고 하지만 이게 비법입니다.

직원들이 별거 아닌 것에 칭찬을 받으면 행복해지고 나를 도우려는 의지가 올라갑니다. 더 퍼포먼스가 나올 수밖에 없는 것입니다. 사람은 기분이 좋을 때 예상을 뛰어넘는 결과를 냅니다.

두 번째, 직원에게 숨김없이 노하우를 공개합니다.

저는 실제로 직원에게 마케팅 책을 읽게 하고 강의를 보게 합니다. 거의 컨설팅 수준의 훈련을 시킵니다. 성과를 내라는 말을 하기 전에 내가 알고 있는 노하우를 모두 알려주고 주입합니다.

심지어 창업을 장려하고, 대행사를 차려서 부수입을 만들어 주기도 합니다. 직원이 돈을 벌 수 있는 모든 경우의 수를 두고 지원합니다. 이것이 직원의 내적 동기를 끌어올립니다. 회사를 위해서 일하는 것이 아니라 그냥 자신을 위해서 일하라고 말합니다. 실제로도 그렇습니다.

리더의 첫 번째 기술은 상대방이 세상에서 가장 중요한 사람인 것처럼 느끼도록 진심으로 노력하는 것입니다. 위의 두 가지를 통해서 재택 직원들은 아무런 컨트롤 없이 자발적인 내적 동기에 의해서 일하게 되는 것입니다.

PART
02

작은 성공과 실패의 반복만이 유일하게 살아남는 방법이라는 것을
깨달았습니다. 빚이 1억 5천이 넘어갈 때 마인드와 시스템만 정비하
면서 버텼습니다. 버티니 온 우주가 저희를 도와주기 시작했습니다.

실패학 개론

1인 식품기업으로
비상식적
온라인 유통
트리플 시스템 만들기

[실패학 개론] 사기당하는 법
(부제: 사기를 당할 때의 심리 상태)

이번 글은 저의 실패 사례이자 치부를 용기 있게 공개하여 다른 분들이 시행착오를 줄이는 데 도움을 드리려는 마음에 쓰게 되었습니다. 저는 이전 글에 말씀드린 것처럼 몇 천만 원의 사기를 당했습니다. 제가 사기를 당한 부분은 동업사기와 미수금 사기입니다.

첫 번째, 사기꾼은 전문가로 위장해서 말도 안 되는 선의의 가면을 쓰고 다가옵니다.

제가 사업을 시작하고 그릇이 크지 않은 상태에서 단기간에 큰돈을 벌었는데 바로 그 다음에 사기를 당했습니다. 처음에 사기꾼은 아무 조건 없이 친절과 정보를 베풀면서 다가옵니다. 저는 아무 의심 없이 그를 믿고 협력하다가 저도 모르는 사이에 돈까지 주고 말았습니다. 설마설마했는데 제 돈이 점점 새고 있었고 계약서 없이 크게 당했습니다. 이때 저는 사기당하기 딱 좋은 상태였습니다.

※ 사기당하기 전 심리

1. 나의 능력보다 더 큰 것을 원하는 욕심이 있다.
2. 뭔가 느낌이 싸하다는 촉이 오면 거기서 바로 멈춰야 하는데 멈추지 못하였다.
3. 세상에 공짜는 없다는 것을 명심하자. 뭔가를 공짜를 주려고 오는 사람은 분명히 뒤에 꿍꿍이가 있다. 그런데 그 공짜에 눈이 멀었었다.

두 번째, 매출은 내 돈이 아니다. 매출이 내 통장에 들어오기 전까지는 말이다.

두 번째로 당한 것은 미수금 사기입니다. 공동구매자나 개인 벤더들은 회사가 아니기 때문에 기본적으로 돈이 없다고 생각하면 됩니다. 있다 하더라도 큰돈을 줘야 할 때는 주기 싫어지는 것이 사람 마음이죠. 제가 당한 사기는 선입금을 받지 않고 물건을 주다가 1개월 동안 판매한 금액을 지금까지도 받지 못하고 있는 경우입니다. 이 때문에 지금도 법정 소송을 준비하고 있습니다.

그 사기꾼은 5개월 동안 거의 70%의 정산금을 가지고 잠적했습니다. 여기서 포인트는 큰돈이 들어올 거라는 막연한 희망 자체가 문제가 있다는 점입니다. 그래서 특별히 식품 분야에서는 신뢰가 형성되기 전까지 선 정산 후 발송 원칙을 지켜야 합니다.

※ 사기당하기 전 심리 상태 점검방법

1. 큰돈이 들어올 거라는 희망, 욕심이 생긴다면 버려라. 그리고 무조

1인 식품기업으로 비상식적 온라인 유통 트리플 시스템 만들기

건 원칙을 지키자.

2. 나만의 사업 원칙을 세우지 않으면 어떤 방식으로든 당한다.

3. 모든 사람들이 '이 사람은 아니다.'라고 이야기한다면 무조건 배제한다. 돈이 급하고 매출이 급하다고 내 고집대로만 하지 말자.

[실패학 개론] 직원 관리에 실패하는 방법 –1
(부제: 변하지 않으면 그들을 제거해야 한다)

이번 글에는 사업 시작 후 직원 관리에 실패한 경험을 토대로 왜 실패했고 어떻게 개선된 직원관리 시스템을 갖추게 됐는지를 이야기해보겠습니다.

사업을 확장하면 반드시 직원이 필요합니다. 확장 후에는 대표 혼자서 모든 일을 처리할 수 없기 때문입니다. 그런데 사업에서 특히 소상공인 입장에서는 인건비 지출이 가장 큰 고정 비용입니다. 그래서 인건비를 얼마나 효과적으로 운용하느냐가 사업의 수익성을 결정합니다.

여러 책과 세미나 강연에서 제가 공통적으로 하는 말이 있습니다. "대표가 얼마나 남에게 일을 위임하는가에 따라서 사업의 성패가 좌우됩니다. 대표는 생각을 많이 하고 시스템을 만드는 데 가장 많은 에너지를 소비해야 합니다." 따라서 내가 하던 일을 누군가에게 위임해야 하는데, 이때 위임을 받는 자가 직원입니다.

여기서 직원과 대표의 생각차가 생기게 되는데 이 생각의 차이를 얼마나 효과적으로 조율하느냐가 사업의 성과를 좌우합니다.

그리고 그런 조율의 단계를 방해하는 대표의 마인드와 직원관리 방식이 존재합니다.

아래와 같은 직원관리 사례가 사업을 실패로 이끕니다.

실패하는 직원관리 사례

첫 번째, 대표는 야근을 시킨 적이 없는데 직원은 야근을 했다고 생각한다.

두 번째, 대표는 다른 곳보다 더 좋은 조건의 페이와 자유를 허락하지만, 직원은 내가 그런 능력이 있기 때문에 받는 거라고 생각한다.

세 번째, 사적으로 직원과 너무 친하다. 이럴 경우 공사구분이 사라진다.

네 번째, 일어나지 않은 일을 너무 쉽게 이야기한다. 자신은 꿈을 이야기하는 것이지만 직원은 그게 사실인 줄 안다.

다섯 번째, 대표가 직원인지, 직원이 대표인지 구분할 수 없다.

여섯 번째, 혼을 내거나 타일러도 벌을 주거나 당근을 줘도 직원이 변하지 않는다.

더 많은 실패 사례가 있지만 여기까지만 설명해도 대표가 얼마나 직원관리를 못했는지를 알 수 있습니다. 직원관리가 안 되니 망할 수밖에 없습니다. 이런 결과가 나올 기미가 보인다면 모든 것은 대표의 책임입니다. 이럴 땐 도려내고 잘라내야 합니다. 살을 도려내고 욕을 먹는 게 두려워도 어쩔 수 없습니다. 가족이건, 아내 건, 동생이건 상관없습니다. 무조건 잘라내야 합니다.

몸속에서 암세포가 커지고 있습니다. 누구 책임입니까? 몸 주인 책임입니다. 암은 어떻게 없애나요? 도려내야 합니다. 그런데 암이 커지면? 전이돼서 죽게 됩니다. 즉 사업이 망하는 겁니다.

사실 이런 결과는 여러 요인과 습관들이 모여서 생기기 때문에 하나하나 천천히 바꿔 나가면 같은 잘못을 되풀이하지 않을 수 있습니다. 사람은 쉽게 변하지 않지만 작은 습관으로 조금씩 변하면 바뀔 수 있습니다.

김승호 대표님의 '사장 학교의 직원관리법'에서는 이런 말이 나옵니다. "상을 주고 칭찬을 해줘도 힘쓰려 하지 않고 벌을 주고 힘을 가하더라도 두려워하지 않으니 이 4가지가 가해지더라도 변하지 않으면 그들을 제거해야 한다."

내가 대표라고 정의를 내렸으면 대표처럼 생각을 하게 됩니다. 내가 직원이라고 정의를 내리면 직원의 마인드를 벗어날 수 없습니다. 내가 특정 프레임을 설정하면 그대로 행동하게 됩니다. 타인이 정해 놓은 프레임에 갇히지 않고 본인이 프레임을 설정하면 당신이 만든 프레임에 타인을 끌어들일 수 있습니다.

개인적으로 구체적인 인력 시스템을 전수하고 있는데 디자인과 마케팅을 결합할 수 있는 인재가 있다면 채용하시겠습니까? 디자인에 마케팅을 융합해 기획을 하는 인재가 있다면? 영업을 하는데 신제품 아이디어를 계속 쏟아내는 인재가 있다면? 그런 인재들을 발굴해 성장시키고 수익을 함께 공유한다면 모든 게 가능할 것 같습니다.

[실패학 개론] 직원 관리에 실패하는 방법 -2
(부제: 직원 말 잘 듣는 대표가 망하는 이유)

이번 시간에는 제가 직원 말을 너무 잘 들어서 자사몰과 스마트 스토어 매출이 안 올라갔던 사례를 설명하겠습니다. 그리고 이를 토대로 대표가 핵심을 알아야 하는 이유에 대해서도 이야기해보겠습니다.

현재 저희 쇼핑몰은 지속적으로 변경을 기획하고 실행해 나가고 있습니다. 쇼핑몰에 대해 아무 것도 모를 때 쇼핑몰 3년차인 직원의 말에 의존해 쇼핑몰을 운영했습니다. 흔히 듣는 이야기가 '쇼핑몰이 너무 예쁘네요, 상세페이지 사진을 너무 잘 찍었어요. 디자인이 좋네요.'였는데 이런 이야기를 많이 들으니 유능한 직원을 뽑았다는 생각에 자랑스러움을 느끼기도 했습니다.

하지만 예쁜 쇼핑몰과 매출은 전혀 상관이 없습니다. 예를 들자면 컨설팅을 받은 컨설팅 인원의 상세페이지를 일반인에게 보여주면 대부분 디자인이 별로라고 이야기합니다. 또한 '최소 비용으로 디자인을 했기 때문이겠죠.'라고 단순하게 이야기할 것입니다.

이런 말을 한다면 쇼핑몰의 핵심을 아는 사람이 아닙니다. 유능한 직원도 마찬가지입니다. 실제로 조언을 해주는 사람들 중 대부분은 핵심을 모른 채 그냥 자기 느낌대로 조언을 합니다. 이런 부정확한 조언을 듣게 되면 매출이 안 나올 수밖에 없습니다.

다른 회사의 예를 들어보겠습니다. 화려한 직원으로 구성된 한 쇼핑몰이 있습니다. 이 회사의 사장님은 직원들의 능력과 경력만을 보고 비싼 인건비를 지불해 고용을 합니다. 본인보다 직원들의 능력이 좋다고 생각해서 직원의 생각을 충분히 쇼핑몰에 반영했습니다. 그런데 작년에 제가 이 사장님처럼 하다가 실패했습니다.

　　매출이 안 오릅니다. 쇼핑몰이 그냥 예쁠 뿐입니다. 이 사장님은 직원들 말만 듣다가 망할 겁니다. 대표가 핵심을 이해하고 전략을 정확히 수립해 지시를 내리지 않으면 망할 수밖에 없습니다.

　　각종 커뮤니티를 보면 '사진이 문제네요. 밸런스 맞추시고' 등등의 조언을 합니다. 그러나 모든 조언을 듣고 아무리 바꿔도 매출은 절대 오르지 않습니다. 실제로 핵심을 알고 조언하는 사람은 거의 없습니다. 설령 안다고 할지라도 남의 일에 굳이 자기일 같이 조언을 해주는 사람은 거의 없습니다. 결국 쇼핑몰이 성공하기 위해서는 대표가 핵심을 체계적으로 내재화해서 반영해야 하며, 직원은 그것을 실체화해 퀄리티를 올려야 합니다.

요약　　남의 말은 참고만 하고, 대표의 핵심 역량을 올리는 데 집중하자.

호구들이 사업에서 살아남는 유일한 방법
(부제: 우리나라에서 사기꾼이 사업하기 좋은 이유)

제가 사업을 시작한 건 3년 전입니다. 아무것도 모르고 사업을 시작했던 저는 사기꾼들의 먹잇감이었고 실제로 많은 사기를 당하였습니다. 그리고 먹잇감을 사냥하는 사기꾼들이 잘 먹고 잘 살게 만드는 건 지금의 대중입니다. 우리나라는 사기 공화국입니다. 그리고 그것을 만든 것은 대중입니다.

사기에도 여러 종류들이 있습니다.

첫 번째, 광고업자들의 사기 수법

스마트 스토어를 개설하면 초보 사업자들이 당하는 테크트리가 탄생합니다. 무수히 많은 광고 업체에서 연락이 옵니다. '스마트 스토어를 상위 노출해주겠다.' '스마트 스토어를 꾸며주겠다.' 등등인데, 여기서 가장 많이 쓰는 방법은 '하루에 1천 원만 투자하면 된다.'는 것입니다.

1년 관리를 맡기면 백만 원 정도에 해주겠다고 합니다. 이 단계에 있는 광고업자들의 실력은 바닥입니다. 그래서 오로지 초보자들에게만 먹힙니다. 스마트 스토어 세팅도 할 줄 모르는 사람들이 세팅을 해주겠다고 합니다. 스토어 개설 후 걸려 오는 전화는 믿고 거르시기 바랍니다. 100% 실력 없는 광고 업체입니다.

두 번째, 유통업자들의 사기 수법

식품 유통을 하고 있지만 아래 같은 행동을 하는 유통업자는 믿고 거릅니다. 사업을 하면서 제가 배운 개인적인 기준을 알려 드리겠습니다. 아래 내용은 개인적인 기준입니다.

1. 카톡 프로필에 '람보르기니, 포르쉐, 페라리' 열쇠가 보이거나, 고급 외제차가 보인다.
2. 카톡 대화명에 '19년 매출 100억' 등의 어구를 걸어 놓는다.
3. 전문가인 척, 매출이 높은 척, 자기가 얼마를 팔았다면서 입만 열면 자기 자랑을 한다.

이 셋 중에 한 가지라도 걸리면 믿고 거르십시오. 80%는 신용불량자인 데다가 실력도 없는 사람들입니다. 그 많은 매출도 언제 무너질지 모르는 모래성인 경우가 많습니다. 실제로 마케팅을 가르치는 학원에서도 위에 있는 3가지를 해야 사람들을 모을 수 있다고 가르치기도 합니다. 30억 매출을 한다니, 100억 매출을 한다니, 이런 종류의 말은 믿지 마십시오.

설령 그게 진짜라 해도 실력 없는 사람들이 뒤에서 뭔가 투자를 받아 돈으로 밀어붙이는 경우가 많습니다. 우리나라 대중은 비정상을 정상이라고 착각하고 있습니다. 왜 사기꾼들이 저 세 가지를 실행에 옮길까요? 저걸 해야 투자자와 대중이 모이기 때문입니다. 사기꾼을 더 사기치기 좋게 만드는 것이 대중입니다.

기가 막힙니다. 우리나라에는 자신이 똑똑하다고 생각하는 사람들이 정말 많습니다. 그런 사람들이 스스로를 똑똑하다고 착각하며 투자를 자처합니다. 이런 사람이 더 당하기 쉽습니다. 그리고 보이는 것에 현혹돼 실력도 없는 사람에게 투자하고 맙니다. 저런 식으로 약 수십억 원을 투자 받은 존경스러운 사람도 있습니다. 그 사람의 카톡 프로필에는 외제차 키와 외제차량 함께 찍은 사진이 많습니다. 페이스북에서 많이 보셨죠? 저런 분들이 돈자랑을 하면 대중은 '좋아요'를 누르고 '댓글'을 답니다.

자, 그럼 이제 우리 같은 평범한 호구들이 당하지 않는 방법을 알려드리겠습니다. 우선 위에서 설명한 기준에 한 개라도 해당하는 사람이 눈앞에서 '돈을 벌어주겠다, 수익을 보장하겠다.'고 이야기하면 믿고 거르십시오. 정말 양심적인 사람은 절대 수익보장을 이야기하지 않습니다. 수익은 자신이 내공을 쌓았을 때만 따라옵니다.

사기꾼들을 잘 피하고, 꾸준히 내공을 쌓으면서 왔다면 이제부터는 생각 없이 돈을 투자하는 것을 멈추십시오. 제가 쓴 방법은 돈을 받고 마음껏 도와주는 것이었습니다. 천성이 호구인 사람들이 있습니다. 남을 도와주기 좋아하는 사람입니다. 윤리적으로나 사회적으로나 이런 사람들이 잘 사는 나라가 행복한 나라입니다. 그런데 우리나라는 남을 도와주는 사람들이 당하는 경우가 많습니다. 왜냐하면 비정상이 정상이 되는 나라이기 때문입니다.

조용히 실력과 내공을 쌓고, 누군가 같이 사업하자고 하면 그때는 반드시 돈을 받고 도와주십시오. 그리고 돈을 주고 배우십시오. 정확한 정보와 내공을 가진 사람에게 배우는 데는 돈을 아끼지 마십시오. 이런 걸 아끼는 분들이 저런 사기에 당할 확률이 높습니다. 배우는 데 자원을 아끼느라 내공을 쌓을 수 없었기 때문입니다.

정당한 대가를 당신에게 지불하지 않고 꼼수나 돈 자랑을 하며 이용

1인 식품기업으로 비상식적 온라인 유통 트리플 시스템 만들기

하거나, 아니면 동정심을 유발해 심리 조정을 하는 사람들에게는 철저한 원칙을 들이대십시오. 친구에게도 돈을 받으십시오. 무조건 선 입금 후 도와줍니다.

당신에게 돈을 주지 않는 사람과는 상종도 하지 마십시오. 이렇게 되면 남만 도와주던 호구는 다른 사람이 됩니다. 사기꾼들이 들어올 틈이 없습니다. 내공을 갖추었기 때문에 사기꾼들이 주변에서 사라집니다.

사기꾼들이 가장 싫어하는 사람이 실력 있는 사람입니다. 또한 실력이 있는 사람들은 원칙을 철저히 지키는 사람들과 대화를 하고 도움을 주기 때문에 질 좋은 사람들이 모이게 됩니다. 우리나라에 이런 내공과 실력을 가진 호구들이 많이 생기길 원합니다. 정상적인 사람들이 정상적으로 대접받는 사회가 되었으면 좋겠습니다.

어머니의 누룽지 사업 실패한 이야기
(부제: 온라인마케팅보다 강력한 원조 바이럴 마케팅)

이번 시간에는 저의 실제 사업을 시작하게 된 계기가 된 어머니 누룽지 사업에 대해 이야기 드리려 합니다.

앞서 말씀드린 것처럼 제가 27살에 직업군인으로 입대를 할 시기에 아버지의 사업 실패로 몇 십억의 채무를 떠안은 채 복층 강남 빌라에서

10평짜리 30년 된 아파트로 이사를 가게 됩니다. 아마 이때부터 어머니가 가정을 일으켜 세우신 누룽지 사업이 시작되게 됩니다.

우리 가족이 아무것도 없을 때 제 동생의 직장 신용대출 1천만 원으로 누룽지 가게를 오픈하시고 누룽지를 팔게 됩니다. 약 2년이 지났는데 광고 홍보 아무것도 없이 오로지 입소문 만으로 월 1천만 원의 매출을 올리게 되고 우리 가족은 어머니 덕분에 일어나게 됩니다.

저도 군대에 있으면서 학자금 대출을 갚아가며 대출을 알아봤지만 의무복무 장교인 관계로 대출이 안되어 보태 드리지 못하여 어머니에 대한 미안한 마음에 누룽지를 군대 하사 소대원들에게 팔고 다녔던 기억이 납니다. 제대 후 만난 소대원이 소대장님 보면 누룽지 생각이 난다고 할 정도였습니다.

그렇게 지속적인 매출을 발생시켰고 거의 10년이 지난 지금도 누룽지 매출은 줄어 들지 않고 오히려 계속 상승되어 현재는 생산능력이 모자라서 증설을 해야 할 지경입니다.

여기서 포인트는 '단골 장사의 위력'입니다. 단골 장사는 정말 순수하고 강력한 바이럴 마케팅입니다. 제가 자신하는데 저희 어머니보다 누룽지를 잘 만드시는 분은 우리나라에 없습니다. 이제는 맛과 품질의 절대적 우위를 가지고 있습니다.

저희 가게에서 누룽지를 먹다가 다른 가게로 옮겨도 다시 돌아올 수밖에 없습니다. 이정도의 절대적 우위는 광고를 하지 않아도 알아서 저희 어머니의 전화번호를 물어보아서 소개에 소개로 꼬리에 꼬리를 물고 신규 고객이 창출되는 효과를 보게 되며 사업에서 가장 중요한 요소인 지속적 매출이 발생되게 됩니다.

여기서 제가 누룽지를 인터넷으로 팔아보겠다고 시작한 것이 제가 사업을 시작한 이유입니다. 결국 아버지의 사업 실패와 어머니의 누룽지 사업이 없었다면 아마 지금과 같은 실체가 없었을 것이고 관심도 없이 평범한 직장인의 삶을 살고 있었을 겁니다.

누룽지를 인터넷으로 팔아보겠다고 '오곡 누룽지'라고 이름도 정하고 로고도 만들었고 스마트 스토어도 개설했습니다. 수제 누룽지를 대량화시켜보겠다고 어설프게 기계를 사서 시도하였으나 폭삭 망했습니다.

저는 당시 약 100만 원도 못 팔고 사업을 접었습니다. 흑미 누룽지, 렌틸콩 누룽지, 보리 누룽지, 치즈 누룽지, 고추장 누룽지 등 누룽지 가지고 할 수 있는 건 다 만들어 보았습니다. 사람들이 붐비는 이태원에서 고추장 누룽지 홍보도 해보았습니다. 그러나 결과는 실패였습니다.

누룽지 판매의 핵심은 40-60대가 타겟이므로 인터넷 바이럴 마케팅보다는 그냥 전화주문이 답이었습니다. 이분들은 복잡한 것 싫어하십니다. 지금 제가 장터에서 팔고 있는 누룽지 기계도 그 때 실패한 전유물입니다. 결국 저는 타겟팅을 제대로 못했고, 누룽지 사업의 내공이 전혀 없었던 것이 실패의 가장 큰 요인이었습니다.

오른쪽 사진은 어머니가 제조중이신 수제누룽지입니다.

〈오곡 수제 누룽지〉

이제는 어머니도 일을 하실 수 있는 날이 1년도 안 남았습니다. 그 안에 기획을 다시해서 어머니가 일으켜 세우신 사업을 정말 오래 유지해보고 싶은 마음이 큽니다. 어머니가 누룽지 사업에 성공하신 이유는 크게 4가지로 요약할 수 있습니다.

어머니의 누룽지 사업이 성공한 이유

1. 쌀가공은 원가 경쟁력이 크다.
2. 장인정신정도의 고도의 독자적인 누룽지 제조 능력
3. 인성(고객을 충성고객으로 만드는 영향력)
4. 현금거래가 많아서 현금흐름이 원활하다.

하지만, 수제 누룽지의 사업의 성장 한계도 있습니다.
1. 일 CAPA가 노동력이다. 결국 자영업에서 벗어나지 못한다.
2. 노동의 강도가 엄청나다.
3. 시스템을 만들지 않으면 체력이 고갈되어 사업이 망한다.

PART
03

여러가지 유통에 관한 이야기가 많습니다. 제가 생각하는 유통은 돈 넣고 돈 먹기 게임 같다고 생각합니다. 이 부분을 어떻게 하면 비용을 줄이고 효율을 극대화할 수 있을까 이 고민의 연속이 이 파트에 담겨있습니다.

1인 제품
제조, 개발, 유통의
비밀

1인 식품기업으로
비상식적
온라인 유통
트리플 시스템 만들기

제품 한 품목 런칭 비용이 100만 원 미만
(부제: 제품 OEM/ODM 평균 MOQ 단가가 1~5천만 원?)

쇼핑몰을 하면서 가장 힘들었던 부분은, 제대로 된 제품을 나의 브랜드로 론칭하기 위해서는 식품 공장의 MOQ를 감당하고 사입할 수 있는 자금이 있어야 한다는 점이었습니다.

수십 개의 식품 제조사와 접촉한 결과를 공개합니다.
1. 건강즙 MOQ: 평균 1천 5백만 원 이상
2. 쉐이크 MOQ: 평균 1천만 원 이상
(단, 최저가 기준입니다.)

이런 MOQ가 나올 수밖에 없는 이유는 하루 가동률을 고려했을 때 8시간을 돌려야 하는 데다가, 포장재 값이 몇 백만 원에 이르기 때문입니다. 그런데 저에게는 이런 돈이 없었고, 이 많은 재고를 감당할 자신도 없었습니다. 그러던 중 우연한 기회에 건조과일 칩을 알게 되었고, 초반에 식품 건조기 2대(약 30만 원)를 사서 제조를 시작하게 됐습니다.

유통과 마케팅을 3개월쯤 공부하면서 실패를 겪고 판매도 부진할 때 같은 마케팅 수업을 3번 이상 들으며 계속해서 판로를 개척했고, 결국 4번째 강의를 들을 때에는 인맥을 통해 공동구매라는 판로를 찾게 됐습니다. 이 덕분에 2주일 동안 2천만 원이라는 매출을 올릴 수 있었습니다.

가정용 건조기 2대를 가지고는 전혀 감당할 수 없는 생산능력이었습니다. 결국 가정용 건조기 9대로도 감당을 할 수 없어 공업용 건조기에 투자를 했습니다. 그 결과 한 번에 엄청난 양의 건조과일을 생산할 수 있게 됐습니다.

이후 실패와 성공을 반복하면서 사업 마인드와 마케팅 스킬을 지속적으로 공부하는 동시에 강의를 듣고 책을 읽으며 성장하던 중 문득 이런 생각을 하게 됐습니다. 사업을 처음 시작하는 평범한 대표들은 자금이 없거나 자금이 있어도 재고 리스크를 감당해야 하는 경우가 많을 거라는 생각이었습니다.

이 생각을 하게 된 것은 '제조-도매-소매'라는 큰 그림 속에서 '과연 내가 무엇을 할 수 있을까?'를 고민하고 난 후입니다. 지금까지 소매 판매만 했고, 이게 전부인 줄 알았던 저에게 도매의 개념이 들어온 것입니다.

제가 처음 식품을 판매할 때 고민한 부분을 창업을 하신 대표님들이 공통적으로 겪었던 것들이라 생각했습니다. 그리고 그 불편함을 해결할 수 있는 방법을 지금도 연구하고 있습니다. 그래서 제가 새로운 식품을 찾는 대표님들을 위해 '초보 사업가를 위한 나의 해결방안'을 적어보았습니다.

1. **브랜드 및 제품을 생산하기 위해서는 기본 제품 MOQ 1천만 원 이상이 필요하다.**

   해결방안 기본 MOQ를 1백만 원 이하로 만들자. 제품 하나를 런칭하는 데 1백만 원 이하가 들면 10번을 실패해도 1천만 원을 손해 볼 뿐이다. 10번 실패해도 지속적으로 고민하고 트렌드를 연구한다면, 10번의 시도 중 최소 1-2번의 상품에서는 잭팟이 터진다. 잘 실패해야 성공 확률을 높일 수 있다.

2. **처음 시작하는 대표님들은 판로가 없다. 작은 성공 경험이 필요하다.**

   해결방안 내가 가진 인프라 판로를 식품대표님들께 공개하고 방법을 제시하자. 사업을 할 때 가장 중요한 요소는 리스크를 감당할 수 있는 선에서 최대한 많이 실패하고 실행하는 것이다. 그 와중에 거둔 작은 성공 경험이 나를 지탱해준다. 그 작은 성공 경험을 떠먹여주자.

3. **제품 트렌드를 어디서 찾아야 할지 모르겠다.**

   해결방안 다년간의 식품 회사 경험과 식품기사, 생산관리, 식품개발을 하면서 많이 실패해본 경험이 분명히 통찰력을 올려주고 있다. 식품 대표님들에게 나의 다년간의 업계 경험을 통해 실패 확률을 줄여드린다.

4. **내가 경험한 분야가 전부인 줄 안다(스마트스토어? 오픈마켓?)**

   해결방안 유통에 대한 통찰력을 길러야 한다. '제조-도매-소매' 이 세 가지 안에는 무궁무진한 유통이 숨어 있다. 이 흐름 속에서 가장 많은 이익을 취할 수 있는 경로가 무엇인지 연구해야 한다. 이런 유통에 대한 통찰력을 식품 대표님들과 공유를 한다.

요약 같은 1천만원으로 100만원짜리 제품을 10번 런칭해본 기업이 성공할 확률 VS 1천만원짜리 제품을 1번 런칭해본 사람이 성공할 확률, 답은 뻔합니다. 제품을 적은 투자비용으로 여러 번 런칭해본 기업이 성공을 할 것입니다.

무자본 창업? 월 수익 1천만 원?
(부제: 세상에 공짜로 얻을 수 있는 것이 있는가?)

사실 저는 위탁 판매와 맞지 않아서 처음부터 제조를 시작했습니다. 저의 브랜드 제품을 그대로 스마트 스토어와 오픈마켓에 판매하였습니다.

생각해보세요. 제가 파는 상품의 가격이 정가로 책정됐기 때문에 싸게 팔 수도 없는데, 처음 시작하는 스마트스토어에서 많은 매출을 올릴 수 있을까요? 게다가 똑같은 상품이 수백 개나 있습니다. 상담을 하던 중에 이런 방식으로 물건을 팔려는 분들을 자주 봅니다.

마음이 약해서 허락을 하긴 합니다만 추천하지 않습니다. 저는 위탁 판매는 마케팅 및 판매 연습용으로는 좋다고 생각합니다. 그러나 이걸로 월 천을 벌 수 있을지는 모르겠습니다. 저도 해보지 않아서 뛰어난 마케팅 실력을 갖추고 있고 판로가 확실한 판매자들에게 더 호의적일 수밖에 없습니다.

하지만 위탁이 아닌 OEM/ODM을 통해 최소 MOQ로 사입하여 시작한다면?

첫 번째, 내 브랜드이기 때문에 가격을 내 마음대로 정할 수 있습니다.

다양한 타깃 커뮤니티를 상대로 브랜드를 홍보할 수 있으며 소자본으로 브랜딩을 하는 과정을 연습할 수 있습니다. 만약 실패해도 한 달 동안 알바를 하면 그 비용을 회수할 수 있습니다.

두 번째, 나만의 레시피로 나만의 식품을 개발할 수 있습니다.

식품 회사를 다녀서 알지만 식품개발은 석사급 이상의 연구원만이 합니다. 그런데 사업에서는 대표가 직접 식품을 개발할 수 있습니다. 식품 개발은 시장성, 맛, 단가 등을 종합적으로 고려해야 하는 하나의 예술입니다.

소자본으로 이런 다양한 기회를 가질 수 있습니다. 나중에 큰 매출을 달성했을 때 이런 경험을 가진 대표는 어떤 능력을 발휘할 수 있을까요? 너무 무궁무진해서 말을 할 수가 없네요.

저는 요즘 한 달에 한 개씩 신제품을 내고 있습니다. 신제품 개발비용이 백만 원도 안 되니 다양한 시도를 할 수 있습니다. '최소한의 비용으로 다양하게 시도를 해보자' 저의 온라인 판매의 근본적인 생각입니다.

> **요약** **RISK TAKING 이 가능한 상황에서 다양한 실패를 하자.**

3일 만에 공동구매로 얻은 1천만 원 매출은 없는 돈이다

(부제: 반짝 하고 말 것인가?)

이번에는 제가 사업을 시작한 지 3개월 만에 공동구매를 통해 2주일에 2천만 원이라는 매출을 올리고, 이를 매달 2천 이상을 벌 수 있는 신호로 착각해 실패한 이야기와 그 실패로부터 깨달은 것을 이야기하고자 합니다.

사실 저는 지금도 매달은 아니지만 공동구매를 통해 월 1천만 원 이상의 매출을 지속적으로 올리고 있습니다. 아래 자료는 불과 이틀 동안 공동구매를 해서 얻은 결과입니다. 부제에서 말했듯이, 저는 처음 이런 매출을 봤을 때 앞뒤가 안 보였습니다. 돈이 미친 듯이 들어오니까요.

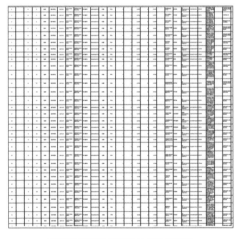

〈실제 미친듯이 주문이 들어온 주문서〉

하지만 제가 말하고 싶은 것은 '이 돈이 내 돈이 아니다.'라는 사실입니다. 여기서 중요한 포인트는 이 매출에 지속성이 없다는 점입니다. 매일 이렇게 들어오는 것이 아니라는 사실이 핵심입니다.

몇 주 전 김승호 회장님의 '사장학 개론'을 읽다가 큰 깨달음을 얻은 구절을 발견했습니다. 그것은 돈의 속성이었는데 "일정하게 들어오는 돈은 불규칙하게 들어오는 돈보다 힘이 크다."였습니다. 이 말은 사업을 할 때 절대적으로 옳습니다. 제가 이 매출을 올리고 저지른 가장 큰 실수는, 제가 매달 이 돈을 벌 줄 알고 무리하게 투자를 했다는 것입니다.

이런 실패를 겪은 후 저는 공동구매를 진행할 때마다 항상 '공동구매로 번 돈은 내 돈이 아니다.'를 잊지 않으려 노력합니다. 저는 공구를 통한 매출이 아무리 커도 신경 쓰지 않습니다. 이 돈이 들어온다 하더라도 제 생활과 사업이 변하지 않기 때문입니다. 돈이 지닌 속성들 중 대표적인 것 하나가 '빨리 버는 돈은 가치가 떨어져서 빨리 나간다.'는 것입니다.

대표님들은 만약 10억이 있다면 무엇을 가지거나 하고 싶으신가요? 좋은 집? 좋은 차? 엄청나게 큰 기업? 세계일주? 저는 모범 답안 아닌 모범 답안을 김승호 사장학교에서 배웠습니다. 10억의 돈을 가질 자격을 갖춘 사람은 10억이 들어와도 변하지 않는 사람입니다. 즉, 자기 생활에 변화가 전혀 없는 사람이 10억의 돈이 들어왔을 때 100억 이상의 돈을 가질 가능성이 높다는 의미입니다.

| 요약 | '일주일에 몇 천 벌었더라.'라는 말에 혹하지 말자. |

제품개발방법론
(부제: 프레임을 만드는가, 프레임에 갇히는가?)

이번 글에서는 제가 대기업에서 식품을 다루며 쌓아온 지식과, 마케팅을 배우면서 깨달은 지식을 토대로 식품을 개발하고 시장을 만드는 방법에 대해 다뤄 보고자 합니다.

우선 대기업의 식품 개발 방법을 알려 드리고자 합니다. 주로 우리나라 대기업들에는 다른 나라의 식품 트렌드를 조사하는 팀이 있습니다. 이 팀은 식품의 트렌드를 파악하고, 콘셉트를 잡으며, 시장조사를 실시합니다. 이후 도출한 콘셉트를 기초로 식품연구원들이 식품을 개발합니다.

하지만 식품 기계의 기술력이 엄청 좋지 않은 이상 식품 개발은 막노동일 수밖에 없습니다. 밤을 새워 가면서 원료를 배합하고, 소비자 조사를 실시해 맛의 품질을 평가하고, 가장 맛이 좋은 배합비가 확정되면 그것을 토대로 공장에서 공정을 진행해 식품을 생산합니다.

이제 이 과정을 축소해서 사업에 적용하게 된 이야기를 해보고자 합니다. 우선 우리나라보다 식품 분야 트렌드가 앞서 있는 일본을 방문했습니다. 식품을 파는 드러그 스토어, 쇼핑몰, 음식점, 커피숍 등을 계속해서 돌아다니며 사진을 찍고 인사이트를 얻었습니다.

일본 드러그 스토어의 공통점을 아래 사진에서 보시죠. 메인 매대에 콜라겐 분말, 새싹보리 분말, 성인 분유가 있습니다. 이 중에서 우리나라에 없는 게 무엇인가를 고민해본 결과, 성인 분유가 눈에 띄었습니다.

〈일본에서 직접 찍은 일본 드럭스토어〉

더 깊게 들어가면 당시 제가 성인 분유를 조사할 때는 우리나라에는 '남양유업'의 '셀렉스'라는 성인 분유 브랜드 하나밖에 없습니다. 나머지는 모두 수입 제품이었습니다. 그리고 네이버 쇼핑에서 검색을 해보면 성인 분유 카테고리에서 판매 현황을 거의 찾아볼 수 없었습니다.

제가 일본 현지에서 본 상품들과 포밀 성인 분유가 나란히 카테고리를 점령하고 있습니다. 일본의 트렌드는 우리나라보다 약 2년 정도 앞서 있습니다. 먼저 시장을 선점한 것입니다. 아래 키워드 검색수를 보면 알 수 있습니다.

연관키워드	월간검색수	월간검색수	월평균클릭	월평균클릭	월평균클릭	월평균클릭	경쟁정도	월평균노출광고수
성인분유	170	1,010	4.3	12	2.43%	1.28%	중간	6
건강식배달	130	1,050	5.1	140.5	4.06%	14.49%	높음	15
어른우유	290	1,520	17.4	29.4	6.36%	2.08%	낮음	2
노인복지용품	50	130	5	19.7	8.2%	17.3%	높음	15
건강한초콜렛	< 10	20	0	0.5	0%	1.82%	중간	2
성인용분유	120	330	5.7	4.5	4.98%	1.48%	중간	6
비타민G	290	2,040	2.4	15.5	0.79%	0.74%	중간	10
칡의효능	1,000	22,100	3.9	20.3	0.44%	0.11%	높음	15
건강도시락배달	250	530	13.4	32	5.41%	6.58%	높음	15
건강식도시락	80	240	1.2	16	1.81%	7.55%	높음	15
건강한밥	30	70	2.2	0.5	7.05%	0.67%	중간	2
저당식	20	20	1.5	0.7	11.77%	11.12%	중간	1
건강초콜릿	10	40	0.7	0.3	4.17%	0.67%	높음	3
샌드위치납품	190	320	20.4	71.8	11.26%	21.56%	높음	15
밀프렙	1,410	2,890	16.5	17	1.26%	0.61%	중간	6
샐러드정기배송	1,280	3,660	67.5	509	6%	15.16%	높음	15
매일도시락배달	1,710	4,450	101.9	551.7	6.58%	13.31%	높음	15
해독주스배달	350	1,150	12.1	74.4	3.67%	7.07%	높음	15
밀프랩	1,070	4,470	17	23.3	1.72%	0.53%	높음	3

〈연관키워드 검색건수정보〉

검색 건수가 너무 적다고 생각할 수 있습니다. 그렇다면 제가 검색수를 늘릴 수는 없을까요? 아래에서 남양유업의 셀렉스와 연관된 검색어로 '워터포미 성인 분유'가 올라와 있는 것을 볼 수 있습니다. 제가 돈을 주고 연관 검색어를 사지 않았습니다. 마케팅을 통해 자연스럽게 연관 검색에 올린 것입니다.

〈성인분유 상위 노출 사진〉

그렇다면 이제는 '프레임을 만드는가, 프레임에 갇히는가?'에 대한 주제를 이야기하고자 합니다.

왜 우리는 시장을 만들지 않고 이미 만들어진 시장에 판매를 하려 할까요? 또 왜 굳이 이미 포화 상태인 시장에 편승할까요? 저에게 컨설팅을 요청해오신 대표님들 중 대다수는 이런 질문을 합니다. '이 아이템이 될까요?' 그럼 저는 대답 대신 이런 말을 합니다. '저는 신이 아닙니다. 아이템은 운발입니다. 하지만 저와 함께 운발을 높히는 작업을 하시면 됩니다.' 운발을 높히는 방법 중에 몇 가지를 소개 드립니다.

첫째로, 프레임에 갇히지 않는 것입니다.

김승호 회장님의 사장학 개론에서 배운 내용을 한번 이야기해보겠습니다.

우리는 어젠다, 프레임, 통계의 늪에서 빠져나올 수 있을까요?

1. 통계는 의도에 의해 조작되고 있다.
2. 프레임에 속지 말고, 내가 프레임을 만들어야 한다.
3. 내가 만든 프레임으로 타인을 끌어 들여야 한다.

다시 성인 분유 아이템으로 돌아와서 제가 프레임을 만든 방법을 알려 드리고자 합니다.

우리나라에서 프레임을 만드는 사람들은 누구일까요? 국회의원, 언론사, 연예인입니다. 그렇다면 우리가 언론사, 연예인을 이용해서 프레임을 만들면 되지 않을까요? 그래서 첫 번째로 실행해본 것이 바로 신문 기사입니다.

✓관련도순   ✓최신순   ✓오래된순   검색결과 자동고침 시작▶

워터포미, FORMEAL 새싹보리클렌즈 쉐이크 출시 경상일보 6시간 전 | ☑
워터포미 관계자는 "해독쥬스 만드는 방법이 SNS상에서 인기를 얻는것에 착안 간편하게 새싹보리 해독 쉐이크를 만드는 레시피를 수차례 실험을 통해 개발하여, 이제 다른 재료를 넣지 않고 새싹보리 클렌즈 쉐이크만...

워터포미 성인용 분유 'FOR MEAL 단백질 쾌속 쉐이크, 분유맛' 출시
경상일보 | 2019.01.28. | ☑
최근 워터포미에서는 지방성분과 칼로리를 낮추고, 단백질 함량을 높인 성인용 분유이자 건강식품인 'FOR MEAL 단백질 쉐이크'를 출시하여 국내 소비자들에게 호응을 받고 있는 것으로 전해진다. 워터포미는 헬스&이너뷰티...

〈자사 제품을 신문기사에 올린 내용〉

두 번째, 미디어를 활용하는 것입니다.

〈자사 제품 TV방송 출연〉

　미디어를 활용하는 방법은 다양합니다. 가장 효과적인 방법 중에 하나는 아무래도 영상 미디어에 제품을 태우는 방법입니다. 비용은 고비용이 발생을 할 수 있으나 영상으로 나오기 때문에 시각적으로 그리고 소비자가 쉽게 이해할 수 있는데 효과적인 방법 중에 하나입니다. 제가 당시 성인 분유를 판매할 때는 이런 미디어 방법이 효과적이었습니다. 최근에 들어서는 유튜브를 활용한 홍보 방식이 저비용으로 효율을 극대화하는 방법이 되어 가고 있습니다.

　또한 영상을 활용하는 방법은 홍보 외에도 다양한 방법으로 활용이 가능합니다. 제가 판매하는 식품 중에 가루 타입으로 판매하는 제품이 있습니다. 그런데 가루의 색깔 때문에 클레임이 있었는데 유튜브에 가루 색깔이 왜 다른지에 대한 자세한 설명을 통해서 이런 부분을 해소할 수 있었습니다.

〈영상을 이용한 설명으로 클레임을 낮춘 사례〉

〈성인분유 와디즈 펀딩〉

세 번째, 와디즈 펀딩을 통한 펀딩 마케팅입니다.

와디즈 펀딩에 대한 정보는 거의 없습니다. 그러나 한번 해보면 어떤 식으로 마케팅에 펀딩을 할 수 있는지 펀딩이 성공하면 어떤 마케팅 효과가 발생하는지 등의 꿀팁을 많이 알 수 있습니다. 요약하자면 '보이는 것이 다가 아니다.'입니다.

네 번째, 다양한 마케팅 채널을 활용해서 인플루언서 마케팅을 진행합니다.

월간 검색수가 올라갈까요? 저도 모릅니다. 아이템은 운발입니다. 하지만 이런 전략이 반복되고 아이템이 1개에서 100개가 되고 한 개의 아이템에 들어가는 투자 비용이 합리적이라면 도전해볼 만하지 않을까요? 저는 이런 방식으로 식품을 개발하고 마케팅을 하고 있습니다.

다시 한번 강조하지만 대표의 식품 개발 내공은 실천과 실행을 통해서 얻은 통찰력에 의해 만들어집니다. '무슨 아이템이 잘 되더라, 뭐가 잘 되더라.'라는 말에 혹하면 사기당하기 마련입니다. 독자분들께서는 실력을 키우는데 더 집중을 하셨으면 좋겠습니다.

제조사의 안전, 품질 및 생산성을 끌어 올리는 가장 확실한 방법
(부제: 리더와 구성원 간의 소통을 극대화하는 법)

'상사, 대표'라고 하면 직원 입장에서 어떤 생각이 들까요? 제가 기업에 다닐 때 상사, 대표는 '아주 먼 존재, 친하지 않은 존재, 마주치지 않고 싶은 존재'였습니다.

그렇다면 생산을 하는 사람들은 어떨까요? 아마도 저와 같은 생각을 할 것이라고 추측합니다. 이런 상황에서 거리감을 줄이는 것은 마치 서로 원수라고 생각하는 사람들에게 친하게 지내라는 것과 같습니다.

혹시 TPM(Total Productive Maintenance)이라는 개념을 아시나요? 생산성과 품질의 향상을 꾀하는 PM(생산보전) 방법은 2차대전 이후 미국에서 시작됐습니다. 이것을 일본의 독특한 직장 내 소집단 활동과 결합해 만든 것이 바로 전원이 참가하는 생산보전인 TPM입니다. 설비 고장을 없애고 설비 효율을 극대화하는 것이 목표입니다. 이 개념은 일본에서부터 들어왔는데, 우리나라의 모든 제조업체가 이를 실행하고 있습니다.

그런데 이 개념을 가지고 온 것까지는 좋으나 우리나라와 일본의 문화가 다르다는 것을 인식하지 못한 사람들이 일본 문화가 들어 있는 TPM을 우리 기업에 억지로 적용한 결과, 우리나라에서는 TPM이 활성화된 회사가 극히 드물고 특히 중소기업에는 이 개념조차 모르는 사람들이 태반입니다. 제가 구글에서 TPM 활동 및 제조업 현장을 검색해보니 가관입니다.

본질을 모른 채 진단과 지적질만 해대는데 현장 인력들이 이런 대표를 신뢰할 수 있을까요? 이처럼 대기업도 잘 모르는 생산성, 품질 및 안전을 모두 잡는 방법이 있을까요? 우리나라의 문화를 이해하면 답이 간단하게 나옵니다. 우리나라 대중의 특성을 이야기하자면 남에게 인정받는 것을 굉장히 좋아합니다. 그리고 '2002년 월드컵' 당시에 보셨듯이 소속의식을 극대화하고 안정감을 주면 굉장히 좋아합니다.

그렇다면 우리나라 제조업 대표들이 이 문화를 이용해서 TPM을 활성화시킬 수 있는 방법은 무엇일까요? 답은 사람에게 있습니다. 대표가 생산 현장에서 나오는 목소리와 문제점까지 정확히 인식할 수 있다면 회사가 가야 할 방향이 굉장히 명확해집니다.

이 방식은 실제로 우리나라 대기업에서 시행해 엄청난 효과를 본 적이 있는 방법입니다. 공장의 생산 직원이 TPM 활동이나 생산을 할 때 대표가 한 달에 딱 한 번만이라도 구성원이 되어 구성원들과 함께 활동을 하는 겁니다. 직원들과 함께 몸을 움직이면서 그 시간만큼은 그들이 자신을 편하게 느낄 수 있도록 하세요. 반드시 리더의 색깔을 없애고 서포터의 입장 그리고 함께 땀 흘려 일하는 동료의 느낌만을 주세요. 절대 지적하지 말고 장점만을 칭찬해주세요. 이걸 딱 2개월만 하면 생산직 구성원들이 대표에게 진심 어린 동료애를 느끼게 됩니다.

그때부터는 생산성, 품질 및 안전을 지킬 수 있는 생산 현장 하부의 모든 것들이 OPEN되고 어떤 것이 문제인지와 무엇을 개선해야 하는지에 관한 진실을 알 수 있습니다. 구성원들이 숨기지 않고 격의 없이 문제를 말하는데 얼마나 고맙나요? 현장을 가장 잘 아는 사람만이 상황을 명확히 분석하고 개선 방안까지 술술 쏟아낼 수 있습니다.

문제를 말하는 데 두려움을 느끼지 않는 직원이 문제를 오픈하고 그 문제를 해결하기 위해 적극적으로 지원하고 소통하는 리더와 함께 있다면 해결하지 못할 문제가 있을까요? 우리나라 대기업들이 이 간단한 원리를 실행하지 않으니, 중소기업이 개념조차 모를 수밖에 없는 겁니다.

브랜드 이름을 정하는 3가지 방법
(부제: 사업에 영혼을 불어넣는 브랜드 네임 정하기)

1. 브랜드 네임을 붙여야 고객이 온다. (신개념 단어+핵심 단어+시스템)

당신의 빅 아이디어에 브랜드 네임을 붙이는 것이 잠재 고객의 관심을 끌어당기는 최상의 방법입니다. 마케팅 아이디어를 개발해서 패키징 하는 일을 한다고 말하는 게 낫겠습니까? 아니면 '빅 아이디어 어드벤처'라는 프로그램을 제공한다고 말하는 게 낫겠습니까?

자산 설계를 돕는다고 말하는 것과 '자산 관리 성공 솔루션'이 있다고 말하는 것 가운데 어느 쪽이 더 고객의 관심과 집중도를 높일까요? 단순히 치과의사라고 소개하기보다는 '당당한 미소 프로그램'을 운영한다고 소개하는 쪽이 고객의 관심을 더 집중시키지 않겠습니까?

외국의 한 의류 제조업체를 상대로 세탁과 다림질 서비스를 제공하는 소규모 개인 사업자가 있었습니다. 의류업체에서는 제조한 의류를 소매점으로 보내기 전에 세탁과 다림질을 하는 작업이 필수입니다. 이 업체는 이 일을 맡은 하청 업체였습니다. 여기서 컨설팅을 통해 도출한 이름이 바로 '더 프레스토 프레싱 시스템'이었습니다. 먼저 그녀가 하는 모든 일이 체계적임을 강조하기 위해 '시스템'을 붙였습니다. 그리고 고객이 얻을 수 있는 이득, 즉 빠르고 편리한 서비스를 '프레스토'에 담았습니다.

이를 통해, 통상적인 세탁 및 다림질 서비스와는 다르다는 포지셔닝을 진행할 수 있었습니다. 추가적으로 '더 프레스토 프레싱 시스템: 당신의 긴급한 니즈까지 다려드립니다'라는 슬로건까지 만들었습니다. 재밌고 기억하기 쉬운 데다가 지속 가능한 경쟁력까지 확보할 수 있는 슬로건입니다. 이 패키징 덕분에 해당 사업가는 사업을 구멍가게 수준에서 대형 도급업체로 확장할 수 있었습니다.

2. 네이밍 프로세스

빅 아이디어에 이름을 붙이는 일이 쉬울 수도 있습니다. 멋진 이름이 즉각 떠오를 때는 말이죠. 때로는 완벽한 이름이 섬광처럼 뇌리를 스치기도 하지만 많은 경우 한동안 시간을 갖고 고민해야 합니다. 저 같은 경우 빅 아이디어가 떠오를 때마다 가능한 한 빨리 효과적인 이름을 도출하기 위해 노력합니다.

멋진 이름인지 아닌지에 대해서는 그다지 신경 쓰지 않습니다. 효과를 볼 수 있는 이름이면 충분합니다. 효과에 초점을 맞추고 이름을 붙이려고 하면 부담감을 덜 수 있습니다. 그저 자신의 아이디어를 출발점으로 삼으면 됩니다.

사람들은 종종 완벽한 이름을 찾으려 애쓰다가 난관에 봉착합니다. 심지어 컨설팅을 받는 분들 중에서 적절한 이름을 찾지 못해 아예 사업 자체를 시작하지 못하는 경우도 있습니다. 일례로 '1인 식품기업 연구소'라는 이름은 '건조과일도매 → 네이처릿 → 1인식품기업공부방, 1인식품기업시스템 → 1인식품기업연구소'로 계속 변해왔습니다. 만약 제가 처음부터 이런 고민만 계속했다면, 카페 자체를 시작하지 못하다가 시간만 버렸을 것입니다. 이렇게 반복적으로 이야기하는 이유는 완벽한 이름과 사업이 애초에 존재하지 않기 때문입니다.

1인 식품기업으로 비상식적 온라인 유통 트리플 시스템 만들기

실행하면서 변경해 가는 것입니다. 지금 이 시간에도 타 카페나 강의 및 책을 보다가 괜찮은 게 있으면 실행해야 합니다. 리스크가 적은 상태에서 경험하는 실패는 매우 이롭습니다.

지금까지 저도 착각하고 있었던 것 중 하나가 바로 자신이 만족할 수 있는 수준의 네이밍을 해야 한다는 점이었습니다. 한 대학에서 어느 교수가 인터넷 마케팅 수업을 진행했는데 최초의 네이밍은 '더 디지털 마케팅 워크숍'이었습니다. 그런데 수강생이 10-15명밖에 되지 않았습니다.

그래서 강의명을 '디 E-마케팅 워크숍'으로 변경했더니 50명 이상이 왔다고 했습니다. 여기에 잊지 말아야 할 중요한 교훈이 있습니다. '당신이 좋아하느냐 싫어하느냐, 당신의 친구 혹은 동료가 만족하느냐 그렇지 않냐?'가 중요한 게 아니라는 사실입니다.

문제는 '효과가 있느냐 없느냐?'입니다. 돌이켜보면 저도 제조사 이름을 정할 때 여러 의견을 종합하느라 제 주관 없이 정한 적이 많았습니다. 동료, 직원, 주변 모든 사람들의 조언을 구했는데 지금 와서 보면 결국 이런 행동 패턴이 사업의 진전을 막았습니다.

3. 고유의 활동

외국의 '더 빅 아이디어 어드벤처'라는 브랜드는 90분짜리 무료 컨설팅을 통해 '사업을 위한 빅 아이디어를 개발하고 패키징하도록 돕는다.'라고 말합니다. 대부분의 사람들이 자신이 가진 사업에 대한 빅 아이디어를 도출하는 데 더 큰 관심을 갖기 때문입니다.

포지셔닝의 중요성
(부제: 사업 아이템을 정하는 가장 빠르고 정확한 방법)

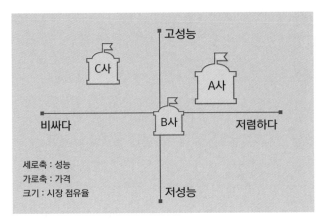

〈포지셔닝 맵〉

'1인 식품 기업연구소'와 다른 회사의 사례를 들면서 어떻게 포지셔닝을 적용해 사업 아이템을 정하는지에 대해 이야기해보겠습니다.

앞서 말한 포지셔닝(positioning)은 '소비자들의 마음속에 자사 제품의 바람직한 위치를 형성하기 위해 제품의 효능과 혜택을 개발하고 커뮤니케이션을 하는 것'을 말합니다. 그러므로 언제나 정직하게 포지셔닝을 해야 합니다.

주의를 끌기 위해 이야기를 조작하면 머지않아 누군가 비밀을 폭로할 것이고 이에 당신은 양심의 가책을 느낄 것입니다. 그리고 양심의 가

1인 식품기업으로 비상식적 온라인 유통 트리플 시스템 만들기

책은 아주 오랫동안 사라지지 않습니다. 그러므로 진심으로 감정에 호소하고 진실함을 잃지 말아야 합니다.

피부에 와닿는 사례부터 소개하겠습니다.

1. 타 회사 사례로 스타벅스를 예로 듭니다.

예전 서양에서는 어떤 커피 문화가 있었을까요? 아마도 굉장히 편한 커피숍이 있었을 겁니다. 커피숍에 들어가면 웨이터가 주문서를 가져오고 손님은 메뉴를 보고 주문을 합니다. 편안하고 고급스러운 소파에 앉아서 주문할 수도 있었습니다.

그런데 스타벅스는 의자를 불편한 것으로 바꾸고 유럽의 '바리스타'라는 개념을 가져옵니다. 새로운 용어죠. 주문을 받을 때는 진동벨을 절대 쓰지 않습니다. 소비자를 불편하게 하지만 스토리를 이용해서 그럴듯하게 보이도록 하는 것이 스타벅스의 문화라고 합니다. 이전과는 전혀 다른 커피숍이 등장한 겁니다. 이 방식 덕분에 스타벅스는 유명세를 타게 됐고 유명해지고 나니 양떼효과로 인해 구매자 10명 중에 6-8명은 남들이 사니까 따라서 사고 맙니다.

2. 구체적인 포지셔닝을 하기 위한 방법들

1) 전문가로 포지셔닝 해라

1인 식품기업 연구소의 칼럼을 쭉 살펴보면 전문가로 포지셔닝 했음을 알 수 있을 겁니다. 그런데 저는 전문가가 아닙니다. 실제로 1인 브랜딩의 사례를 보면 글을 써서 사람들을 끌어들이고 책을 출판하고 전문가로 포지셔닝 하는 경우가 많습니다. 여기서 팁을 하나 드리자면 저는 책을 읽거나 다른 사람의 칼럼을 보다가 저의 사례와 책의 내용이 일치하면 바로 컴퓨터를 켜서 글을 쓰기 시작합니다. '카피 라이팅=카피'이기 때문입니다.

우리나라에는 식품에 관한 전문가가 널려 있습니다. 저는 그 축에 끼지 못하는 피라미일 뿐입니다. 그런데 그 사람들은 뭘 하고 있을까요? 포지셔닝의 개념이 없기 때문에 기술자로만 남아 있습니다. 실제로 전문가는 본인이 정의하는 것입니다. '내가 전문가다.'라고 말하고 다니면서 실제로 그에 맞는 행동을 하면 전문가가 될 수 있습니다. 포화 시장으로 변하면서 의사나 변호사들이 '척추 전문 병원, 이혼 전문 변호사' 등의 포지셔닝을 하는 경우를 많이 보셨을 텐데, 이것도 같은 원리입니다.

2) 나를 위한 서비스를 만들어라

제가 제조와 유통을 하면서 겪은 문제가 많았습니다. 그것을 하나하나 해결해 나가고 시행착오를 겪으면서 저만의 노하우로 만들었습니다. OEM을 하려면 1천만 원 이상의 MOQ 비용을 감당해야 했고 마케팅을 배우기 위해 산발적인 강의들에 수천만 원의 돈을 지불해야 했으며 검색을 할 때는 너무 많은 양의 정보 때문에 부정확한 정보를 얻곤했습니다. 게다가 유통은 사기꾼들이 널려 있는 지뢰밭입니다. 이게 바로 10명이 쇼핑몰을 창업했을 때 8-9명이 망하는 이유입니다. 이런 유통의 지뢰밭에서 구매를 하는 소비자들에게 정확한 정보를 줄 수 있는 포지셔닝을 해준다면 나의 제품 또는 서비스가 잘 팔릴 수 있습니다.

3) 소비자의 걱정거리를 해결하라

리뷰 90,601건		✓ 랭킹순 | 최신순 | 평점 높은순 | 평점 낮은순	
전체	포토/동영상	스토어PICK	한달사용리뷰

〈판매 제품에는 이렇게 리뷰가 있습니다.〉

　소비자의 걱정거리를 해결해 주는 방법은 온라인 시대에 접근이 더용이 해졌습니다. 우선은 내가 팔려는 제품의 경쟁사의 구매후기를 보시면 모든 답이 나와있습니다. 평점이 높은 후기는 왜 이 상품이 잘 팔리는지에 대해 자세히 고객들이 적어 놓았으며 평점이 낮은 후기는 이 상품이 보완해야 하는 부분은 무엇인지 정확히 말해주고 있습니다. 모든 소비자의 걱정거리는 후기에 모두 나와있습니다.

　그럼 '1인 식품 기업연구소'는 어떻게 포지셔닝 해서 고객을 끌어드리는지 잠깐 말씀드리겠습니다.

1인 식품 기업연구소를 선택해야 하는 4가지 이유

1. 식품 제조사 최초로 최저 MOQ(최소발주수량) 조건 및 1:1 컨설팅/트레이닝 선정 시 최적의 맞춤 서비스로 컨설팅 해드립니다.

　이런 서비스는 대한민국에 있는 식품 제조사들을 아무리 뒤져봐도 찾을 수 없을 거라고 자신합니다. 발품 팔아서 계속 찾아다니셔도 되는데, 저는 본 적이 없습니다. 고객이 원하는 원료 서칭, 원료 배합, 식품개발, 제품에 맞는 판로 공개 등도 말이 안 되는 시스템입니다.

2. 국내외 온라인 마케팅 정보 큐레이션 서비스

정보가 돈이 되는 시대입니다. 저희는 국내외 온라인 마케팅 정보를 모두 가지고 있습니다. 고객의 상황에 맞게 정보를 재조합해 최적의 솔루션을 제공합니다. 현재는 국내에 있는 모든 정보를 큐레이션했으며, 해외 마케팅 원서 번역도 진행 중입니다.

네이버카페의 예를 들어보자면 '아프니까 사장'이라는 곳이 있습니다. 카페 주인은 플랫폼의 주인이고, 특정 분야의 전문가가 강의를 하면서 수익을 배분합니다. 굳이 카페 주인이 수백억대 매출을 올리는 강사일 필요는 없습니다. 풍부한 실제 사례를 가진 강사가 중요한데, 수강생이 강의 한 번 들었다고 강사가 수년간에 걸쳐 만든 인프라 시스템을 갖출 수 있을까요? 자본이 있으면 가능하겠네요.

수익을 인증하면서 100억, 200억 매출을 올렸다고 증명하는 강사를 보면 무슨 생각으로 그러는 건지 이해할 수 없습니다. 저는 작년에 2억 6천만 원의 매출을 올렸습니다. 만만하지 않나요? 만만한 것부터 하는 게 맞지 않나 싶네요. 가끔 저보다 훨씬 뛰어난 분들이 특강을 들으러 오십니다. 정말 존경스러운 분들입니다. 자신보다 매출이 낮은 사람에게도 배우려고 하시는 분들입니다. 하지만 특강을 안 듣는 사람들 중에는 자신이 '이만큼 매출을 올리는데 어쩌고' 하면서 저에게 이상한 거래를 요구하는 분들도 있습니다.

도매업체 중에서도 갑질 아닌 갑질을 하는 분들도 있습니다. 초반에는 저도 많이 당했습니다. 이제는 원칙을 지킵니다. 이럴 때는 이렇게 돌려서 말합니다. "다른 분을 만났는데 이런 분이 있었다."라고요. 사실은 당사자를 가리키는 말입니다. 그분들이 100억 매출을 올리든 10억 매출을 올리든 저희와는 아무 상관없습니다. 그건 그 사람 사정이고, 이건 우리 사업입니다. 매출이나 규모를 가지고 갑질을 하면 그 비즈니스는 이루어지기 어렵습니다.

한편 '제로창업'이라는 책에는 "전문가보다는 준전문가라고 불리는,

이 길을 먼저 걸어본 사람이 훨씬 효과적인 방향과 실행할 수 있는 방향을 제시할 수 있다. 핵심 이유는 나도 1년 정도 하면 저 사람처럼 될 수 있기 때문이다."라는 구절이 있습니다.

3. 평생 1:1 오프라인 미팅을 제공합니다.

어떤 곳을 찾아봐도 1:1 미팅을 지속적으로 진행하고 밀착 ODM/OEM 식품 개발을 함께하는 곳을 본 적이 없습니다. 모든 강의 시스템을 통해 노하우와 인사이트를 쏟아내고 미팅은 한 번 정도 진행합니다. 1인 식품 기업연구소는 실력이 늘 때까지 그리고 저희 식품 제조사의 막강한 ODM 파트너가 될 때까지 무한정 오프라인 미팅을 진행합니다.

말만 그렇게 한다고 생각할 수 있습니다. 하지만 저희가 제조를 해야 하고 제조한 제품이 잘 팔려야 하는데 안 만날 이유가 있을까요? 미팅 요청을 하세요. 시간을 내서라도 만납니다. 저는 교사가 아닙니다. 안 하는 사람을 지지고 볶을 여유가 없습니다.

4. 삼위일체 트리플 솔루션을 통한 1인 브랜딩 시스템 구축해 드립니다.

특별히 온라인 유통은 초기 진입이 쉬운 반면에 너무 많은 리스크를 포함하고 있습니다. 이것을 모른 채 진입한다면 상위 1% 외에는 살아남지 못합니다. 대부분의 강의는 소매 위주의 B TO C 방법론만 가르치고 있습니다. 하지만 저희는 제조-도매-소매 속에 숨겨진 트리플 시스템의 정체를 공개하고, 전체 유통을 장악할 수 있는 시스템도 제공합니다. 플러스로 네이버 카페 구축을 통해 1인 지식창업 시스템을 활용함으로써 원가 '0'원의 지식창업 시스템까지 제공합니다. 생각해보십시오. '자본이 필요한 소매 유통+도매 유통+자본이 필요 없는 지식 창업'이라는 3가지의 시스템이 가동될 때 리스크가 줄어듭니다.

5. 실패에서 온 노하우를 전수해드립니다.

이 아이템으로 성공했다는 이야기 한 마디에, 창업 비용이 조금 든다는 이야기 한마디에, 월 최소 얼마는 벌 수 있다는 이야기에, TV방송에 대박이라고 소개된 것 하나 때문에 창업을 합니다. 게다가 이런 아이템들은 소비자의 불편도 해결해 줄 것 같고, 모든 시스템을 제공한다고도 하지만 실제로는 상위 10%(하루10시간)가 월 100-200을 버는 수준입니다. 우리가 소비자를 설득하는 시스템을 이용해야 하는데, 오히려 여기에 당하는 경우가 대부분입니다. 결국, 시행착오를 겪으면서 엄청난 정보 습득과 노력, 본인의 내공을 높이는 작업을 꾸준히 해 나가며 성공 확률을 높이는 것만이 답입니다.

경쟁사와 경쟁하지 않고 물건을 파는 방법
(부제: 경쟁을 협업으로 바꾸는 방법)

이번 글에서는 자사몰에 하나의 아이템의 사례를 예시로 하여 아이템의 선정과 시장 장악에 대해서 이야기해보도록 하겠습니다.

아이템 선정은 크게 두 가지로 이뤄집니다.

1) 키워드 분석을 통해 파악한 검색량 대비 판매처가 적은 아이템을 선정

이것은 파워 셀러들이 많이 쓰는 방법입니다. 실력이 엄청 좋은 셀러는 일부러 센 카테고리에 들어가서 1등을 차지하기도 합니다. 검색량이 많고 판매처가 많은 아이템의 경우 파워 셀러들이 장악하고 있는데 이 시장은 '쩐의 전쟁'으로 변질되기도 합니다. 심지어 어뷰징 프로그램까지 등장했고 이 때문에 절대 히든 전술을 이길 수 없는 카테고리의 상품까지 존재하게 됐습니다.

그렇다면 어떤 시장이 좋을까요? 일례로 저의 경우는 동결건조야채 칩을 선정했습니다.

키워드 분석을 보실까요?

연관키워드	월간검색수	
	PC	모바일
동결건조야채칩	350	3,270
동결건조간식	350	1,480
동결건조	2,190	5,530
말린야채	90	530
건과일	390	1,440
말린채소	40	320
동결건조과일	170	540
야채칩	390	2,720
동결건조과일칩	410	3,470
고양이수제간식	330	1,650
채소칩	60	490
동결건조야채	110	850
비건식품	390	940
고구마칩	530	2,630
자색고구마	950	6,160
자색고구마칩	640	4,260

〈동결건조야채 칩 월간 검색 수〉

약 7000건의 조회 수가 있는 아이템입니다. 자 그럼 네이버에 얼마나 파는지 보실까요?

〈19년 8월초 시장진입 초기상황〉

총누계를 보니 84건 중 제가 입점한 것까지 합해 약 10개가 저희 제품이며, 추가적으로 컨설팅 인원 및 OEM 업체에서 3-4개의 동결건조 야채 칩을 사입할 예정입니다. 1달 뒤에 동결건조야채 칩은 어떻게 될까요? 아마도 저희가 20여 군데 이상 입점 및 OEM 생산을 하면서 시장을 장악해 나갈 것 같습니다.

파워 셀러들은 어떻게든 옆에 있는 경쟁사를 이기려고 혈안이 돼 불법 프로그램까지 돌리고 있는데, 식품 제조사가 마케팅 실력을 갖추니 아주 편안하게 경쟁자들을 동업자로 만들고 있습니다. 그런데 우리나라 제조사 중에서 위에 전략을 구사할 수 있는 회사가 몇이나 될까요?

기획 내공이 있는 식품 제조사는 아이템 선정을 전략적으로 하고 해당 카테고리의 상품에 대해 OEM 계약을 체결하면서 시장 자체를 먹어 버릴 수 있습니다. 또한 톡톡 친구 영업을 통해 경쟁사들이 우리 제조사에서 OEM을 하도록 만들 수도 있습니다.

2) 카페 커뮤니티 분석을 통해 소비자가 원하는 아이템을 개발

이 방법은 카페 바이럴 마케팅을 할 때 유용합니다. 예를 들어 탈모 커뮤니티에 침투해 글과 댓글을 보면서 탈모에 좋은 성분을 배합하고 맛 품질을 올려 탈모 셰이크를 개발할 수 있습니다.

또 수험생 및 직장인 카페에 있는 게시글과 댓글을 보면서 집중력이 좋아지는 원료를 배합하고 맛 품질을 올려 집중력에 좋은 총명 셰이크를 개발할 수도 있습니다. 이는 일반적으로 제품을 만들고 팔 곳을 찾는 전략으로부터 역행합니다. 팔 곳을 정하고 제품을 만드는 전략이기 때문입니다.

이런 두 가지 방법을 통해서 경쟁사와 경쟁을 하지 않고 나만의 제품을 개발을 할 수가 있습니다. 최근에 제가 많이 하는 방법 중에 하나는 해외에서 제품을 독자적으로 소싱을 해오는 방법입니다.

인풋이 없으면 아웃풋도 없다
(부제: 정보를 얻는 데 투자하지 않는 인색한 사람의 결말)

제가 1인 식품 기업연구소에 쓰는 칼럼을 예로 들어보겠습니다. 많은 책을 읽고 많은 강의를 듣고 실제 사업에 적용해보는 횟수가 많아질수록 나만의 경험이 쌓이게 됩니다. 그 경험은 많은 인풋을 통해서 글로 변형됩니다. 여기서 더 나아가면 많은 책을 읽다 보면 언젠가는 책을 쓰는 것도 가능해질 텐데 저도 아직 해보지는 않았습니다. 지금은 이렇게 저도 책을 출판했지만, 작가들 대부분은 자기가 작가가 될 거라고 상상도 못 했다고 이야기하곤 합니다.

그렇다면 사업에서도 이러한 인풋과 아웃풋이 존재할까요? 당연히 존재합니다. 그렇다면 사업에 있어서 인풋은 무엇일까요? 대표적으로 사업에 관한 책, 마케팅 강의 그리고 마인드 강의 등이 있습니다. 즉 자신이 하려는 사업에 대한 정보가 사업상의 인풋이라고 할 수 있습니다. 경험을 통해서 사업을 배웠다는 말을 들어 보신 적이 있을 겁니다.

이러한 경험 혹은 사업에 관한 정보라는 것이 결국 인풋을 주입하는 행위입니다. 이처럼 인풋을 계속 주입하다 보면 결국 사업에서의 성공 그리고 돈과 시간으로부터 자유로운 인생이라는 아웃풋을 얻을 수 있습니다. 따라서 우리가 사업에서 성공하려면 사업에 대한 정보라는 인풋을 계속해서 주입해야 합니다. 마케팅, 영업, 제조, 세일즈, 심리, 최면 등과 같은 다양한 경험과 지식을 쌓아 나갈수록 성공이라는 아웃풋을 얻을 확률이 커집니다.

하지만 이때 조심해야 하는 부분이 있습니다. 우리는 정보의 홍수 속에서 무엇을 취해야 할지 잘 모릅니다. 그래서 어떤 정보가 정확한지 분별할 수 있는 능력이 필요합니다. 가령 인터넷 마케팅의 세계에서는 돈이 정보를 가리고 있습니다. 아무리 유튜브나 구글 검색을 통해 열심히 찾아도 내 사업에 적합한 정보를 가려내는 데는 많은 시간이 소요될 수밖에 없습니다.

이것 때문에 유료 강의 등에 의해 정보가 가려지는 현상이 일어나는 겁니다. 결국, 정확한 동시에 방향이 맞는 정보를 주입하고 그 정보를 재가공해 사업에 적용하고 실행할 수 있느냐의 여부가 사업의 성공을 결정하는 겁니다.

저는 1년에 약 300권 이상의 책을 읽은 후 정리하고 매년 수백만 원의 고액을 지속적으로 들여가면서 고액 강의와 여러 분야의 강의를 찾아 다닙니다. 단, 제가 들은 강의 중에는 사기도, 도움이 안 되는 것도 있습니다. 하지만 저와 함께하는 파트너들은 필터를 통해 한 번 걸러낸 좋은 정보만 제공받게 됩니다.

혹시 '정보 비즈니스'라는 분야에 대해 들어본 적 있으신가요? 앞서 설명 드린 '관계우선의 법칙'에 나온 예를 들어 설명하겠습니다. 미국의 한 차 회사에서 판매가 너무 부진하자, 제품보다는 사람에 집중하기로 결정한 후 차(Tea)를 좋아하는 사람들의 모임을 만들고, 모임 안에서 여러 카테고리로 구성된 정보를 판매해 경쟁사들을 모두 고객으로 만든 경우입니다.

차를 좋아하는 사람들의 모임에서 얻을 수 있는 정보는 아래와 같습니다.

1. 세계에서 가장 광범위한 차 데이터베이스
2. 시장에 나와 있는 모든 종류의 차를 살 수 있는 온라인 상점
3. 차에 관한 책과 비디오들
4. 차와 관련된 웹사이트 리뷰
5. 차를 팔고 있는 전 세계 기업의 목록
6. 차 재배 지역 관광
7. 멤버십 등록 시 이국적인 차 세트를 무료로 받을 수 있으며, 일본에 가서 차 문화를 경험하는 이벤트에도 참여 가능

보이시나요? 단순히 차를 소매로 팔던 회사가 차에 대한 정보를 통합해 버림으로써 모든 경쟁사들보다 위에 있게 되었으며 정보를 돈으로 바꾼 경우입니다.

단순하게 '1인식품기업연구소'라는 카페를 보면 여기에도 식품 도매의 유통 구조가 있습니다. 경쟁사들이 저희의 도매 물건을 사 가고 있습니다. 그래서 경쟁사들이 돈을 벌면 저도 돈을 법니다. 또한 특강 및 컨설팅을 받은 인원 중에는 저희의 경쟁사들이 굉장히 많습니다. 경쟁사라고 칭하기에 부끄러울 만큼 저와는 비교도 안 되게 월 몇 억씩 버는 분과 10년 이상 온라인몰을 운영해온 분들도 컨설팅을 받고 갑니다.

이제 정보 비즈니스의 위력이 보이시나요? 이러한 사례가 인터넷 마케팅 시장에 적용된다면 어떻게 될까요? 모든 정보가 한 곳에 모여 있다면, 수천만 원의 비용을 들여서 흩어져 있는 정보를 얻을 필요가 있

을까요? 이 부분은 민감하니 여기까지 하겠습니다.

저는 사업에서 실무를 거의 하지 않고 있습니다. 그렇다면 어떤 일을 주로 할까요? 자유 시간의 대부분을 사업에 대한 인풋을 쌓는 일에 쓰고 있습니다. 이러한 인풋은 사업의 시스템을 정교화하며 트렌드를 찾아서 사업의 방향을 올바르게 변경하도록 돕습니다. 개인적으로 대표는 이러한 방향성을 잡는 데 가장 많은 에너지를 쏟아야 한다고 생각합니다.

한 달에 수십 권의 책을 읽고 몇 백만 원짜리 강의도 아끼지 않고 듣습니다. 제가 이렇게까지 하는 이유 저의 인풋이 많이 쌓일수록 제가 더 많은 아웃풋을 내보낼수록 멤버십 회원들과 카페 회원들이 더 쉽고 더 빠르게 사업적 성취를 이룰 수 있기 때문입니다. 그러니 항상 공부하고 정보를 모으십시오.

정보를 얻는 데 투자를 아끼지 마십시오. 저도 수십 권의 책을 계속 사고 읽고 정리하고 수백만 원짜리 강의를 듣고 정보를 얻는 등 사업에 필요한 것은 닥치는 대로 하고 있습니다. 현 시대에는 계좌에 찍힌 돈만이 돈이 아닙니다. '정보=돈'입니다. 공짜로 얻는 성공은 없습니다. 우리가 갑자기 잘 됐다고 생각하는 사람들도 여러분이 안주하고 주저하고 있었던 그 시간에 엄청난 인풋을 주입하고 실행했습니다.

정보의 비대칭성이 사업의 성공과 실패를 결정한다

(부제: 최고급 정보는 어디에 있는가?)

〈정보의 비대칭성을 표현한 그림〉

이번 글에서는 온라인 마케팅 시장에서 나타나는 정보의 비대칭성에 대해서 이야기하고자 합니다.

제가 온라인 사업을 시작한 것은 2년 전입니다. 그때는 아무 정보도 없어서 여기저기에서 마케팅, 유통, 리더십, 마인드 강의 등을 들으며 정보를 얻고 실력을 키워 나갔습니다. 2년이 지난 지금 제가 안 들은 강의가 약 20% 정도 되는 것 같은데 아마도 제가 모르는 강의나 컨설팅이 엄청나게 많을 겁니다.

그런데 이런 강의와 컨설팅을 거치면서 깨달은 것은 마케팅 강의에는 차이가 거의 없지만 어떤 강의의 경우에는 강사만이 가지고 있는 경

1인 식품기업으로 비상식적 온라인 유통 트리플 시스템 만들기

험으로 내용을 차별화할 수 있다는 점이었습니다. 그리고 이 차별성이 돈을 주고 정보를 사는 형태로 발전하는 것입니다.

강의를 듣는 것이 부족한 정보를 돈으로 바꾸는 것 이상도 이하가 아닌 게 됐습니다. 그러나 확실한 것은 정보가 시행착오의 시간을 획기적으로 단축시킨다는 점입니다. 강사가 시행착오를 겪으며 깨달은 것이 곧 정보이기 때문입니다. 그것을 공짜로 얻으려고 하는 것은 말이 안 됩니다. 일례로 제가 얻은 정보를 공짜로 알려주었을 때 그 정보를 가지고 활용하는 비율은 거의 없습니다.

심지어 그 정보가 쓰레기가 되기도 합니다. 정보의 가치가 떨어진 상태로 전해지기 때문입니다. 그래서 저는 더 이상 최고급 정보를 공짜로 주지 않습니다. 반대로 돈을 받고 정보를 전달하면 그 정보가 살아나고 결과가 나옵니다.

며칠 전 국립현대미술관에서 '불온한 데이터'라는 전시회를 관람했는데 세상에 존재하는 '정보의 비대칭성'을 비판하는 예술전이었습니다. 그런데 위에 있는 글에서 보셨듯이 현 시대에는 '정보=권력'입니다. 정보의 비대칭성이 부를 결정합니다.

이 사실을 인식해 최고급 정보를 나의 사업에 적용하고 실천력을 강화하면 부가 따라올 수밖에 없습니다. 다만 얻은 정보를 나의 사업에 적용하고 재가공하는 능력이 없다면 정보가 모두 휘발돼 내재화할 수 없게 됩니다. 이런 고급 정보를 이용해서 시스템을 만들고 시스템이 일하도록 하는 것이 돈과 시간으로부터 자유를 얻는 유일한 방법입니다.

저는 돈을 주고 정보를 샀고 그 정보를 사업에 적용하고 실천해 결과를 냈습니다. 그런데 무료로 정보를 풀었을 때 어떤 일이 발생할까요?

정보의 가치가 떨어져서 쓰레기가 됩니다. 이에 더해 정보를 얻은 사람에게 시스템 구축 능력과 재조합 능력이 없다면 그저 '빛 좋은 개살구'일 뿐입니다. 하지만 컨설팅을 통해 얻은 저의 시스템과 재조합 능력을 각자의 사업에 맞게 적용한다면 고급 정보가 빛을 보게 됩니다.

현재 제가 알고 있는 최고의 시스템은 책 마케팅, 동영상 강의 플랫폼, 최고급 정보 등을 집약한 비법서입니다. 이 고급 정보는 제가 푼 것이지만 이 세 가지를 구축할 수 있는 능력을 가진 사람은 흔치 않습니다. 따라서 '고급 정보+정보시스템구축능력 (동영상 강의, 비법서), 리더십, 마인드'의 차이가 고급 정보를 활용해 사업에서 결과를 만들어내는 데 중요하다고 할 수 있습니다.

최고급 정보가 돈이라는 전제로 진입 장벽을 만들어 놓았습니다. 최고급 정보는 고가에 거래되고 있습니다. 설령 최고급 정보가 무료로 뿌려져도 실제로 결과를 내는 사람은 소수입니다. 왜 결과를 못 낼까요? 부정적인 태도, 공짜로 얻으려고 하는 근성, 정보 조합능력의 부재, 실행력 등 복합적인 요소가 작용합니다.

정보만 얻는 건 문제입니다. 내재화와 재조합을 하지 않은 정보가 빠르게 휘발되기 때문입니다. 그렇다고 해서 정보의 중요성을 간과하면, 온라인 마케팅에서는 전혀 효과를 볼 수 없습니다. '교과서만 봐도, 기본만 충실히 하면 된다.'라는 거짓말에 당하지 마시기 바랍니다.

> **요약** 최고급 정보를 얻고, 그것을 내 사업에 어떻게 차별화해서 내재화하느냐가 사업의 성공을 결정합니다.

당신이 수익 파이프라인(트리플 시스템)을 구축해야 하는 이유
(부제: 한 개밖에 못하는 사람의 결말)

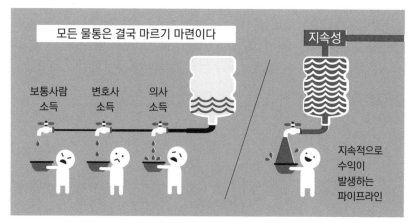

〈지속적인 수익 파이프라인〉

이번 시간에는 수익 파이프라인의 중요성에 대해 이야기해보고자 합니다.

현재 온라인 마케팅은 크게 '유통 시스템+지식창업 시스템+플랫폼 시스템(채널 보유자)'로 구성돼 있으며, 유통 시스템 내부에는 '제조-도매-소매'의 구조가 형성돼 있습니다. 이는 곧 돈을 벌 수 있는 곳이 많고, 각 분야에 개인에게 맞는 부분과 강점, 약점이 존재하고 있다는 의미입니다.

하지만 현재 사업을 하는 사람들을 만나보면 한 가지 분야만 지속적으로 파는 경우가 많습니다. 예를 들어 설명 드리겠습니다.

첫 번째, 스마트 스토어로 월 1억을 버는 사람이 있습니다. 다른 건 모르고 아이템 소싱과 스마트 스토어만 합니다.

그런데 갑자기 의도치 않게 해당 아이템의 제조사가 더 이상 제조를 못하게 되거나 더 이상 아이템 소싱을 할 수 없다면 어떨까요? 그리고 아이템의 수명이 다했는데 다음 아이템을 소싱 할 때까지 공백이 발생한다면? 소싱을 해도 이전 아이템만큼 매출이 나오지 않는다면? 거기다 엎친 데 겹친 격으로 미수금 사기까지 당한다면 어떻게 될까요? 이는 물건을 파는 방법밖에 모르는 사람의 결말입니다.

두 번째, 연 매출로 30억을 버는 식품 제조공장이 있습니다. 품목은 'HMR(가정식대체식품)'인데, 이 식품 공장은 물건을 자체적으로 팔 수 있는 능력이 없어서 중간 온라인 마케팅 유통업체가 총판을 받아서 물건을 생산하고 있습니다.

그런데 시장의 파이가 커지면서 대기업들이 HMR시장에 들어옵니다. 이로 인해 시장에서 중소기업이 차지하고 있던 부분이 축소됩니다. 한 달에 1억씩 적자를 보면서 30억 매출을 올리고 있던 식품 제조공장은 모든 걸 잃고 대기업 탓만 하고 있습니다. 이제 공장은 1달 안에 폐업할 수밖에 없습니다. 이는 제조밖에 못하는 사람의 결말입니다.

하지만,

1. 식품 제조-오프라인 도매-스마트 스토어+자체 유통 채널 운영
2. 특화된 네이버 카페/팔로우가 구축된 인스타그램 및 페이스북 운영
3. 지식창업 시스템 구축

1인 식품기업으로 비상식적 온라인 유통 트리플 시스템 만들기

이런 구조를 가지고 있는 트리플 유통시스템 회사는 어떨까요? 매출이 크지는 않습니다. 하지만 한 개 한 개가 모인다면 채널 하나 당 1-2천만 원의 수익 구조를 만들 수 있고 이를 통해 월 1억 원의 목표를 달성할 수 있습니다. 여기서 주목해야 할 사실은 수익을 파이프라인으로 연결했고, 이로 인해 만들어진 분산 구조 덕분에 어느 하나가 망해도 절대 쓰러지지 않는다는 점입니다.

어떤 분이 1:1 특강에 오셔서 이런 말을 하신 게 기억납니다. 투자자 입장에서는 사업의 다각화를 꾀하는 사람을 보면 '하나도 제대로 못하면서'라는 생각을 해 투자를 하지 않는다고 합니다. 그래서 제가 다시 물어봤습니다. '만약 하나만 제대로 한다면 위에 있는 사례가 발생하지 않는다는 보장이 생기나요? 그리고 투자를 하실 겁니까, 투기를 하실 겁니까?'

가령 저의 스마트스토어가 해킹을 당하거나 잘못해서 아이템 판매가 중지된다면? '오프라인 도매 시스템+지식 창업'이 수익의 공백을 채워줍니다. 이것을 가지고 약점인 스마트스토어에 투자를 하면 수익 시스템이 상향 평준화됩니다.

또한 불의의 사고로 병원에 입원하게 된다면 컨설팅 시스템이 일시적으로 중단될 수밖에 없습니다. 하지만 '소매 시스템+도매 시스템+플랫폼 자동 수익'의 구조가 돌아가면서 리스크를 최소화할 수 있습니다. 그리고 치료 후엔 바로 'ZOOM 화상 시스템'을 강화해 컨설팅 시스템을 복구할 수 있습니다.

따라서 온라인에서 할 수 있는 한 모든 것을 갖추고 크지는 않더라도 조금씩 시스템을 만들어간다면 무너지지 않는 성벽을 쌓을 수 있는데 이때 이렇게 만든 것을 견고히 다져야 합니다. 이렇게 하면 어느 한 사업 분야에서 어려움을 겪더라도 안심할 수 있습니다.

제가 추천드리는 것은 위에서 언급했던 것과 같이 유통 시스템(제조, 도매, 스마트 스토어 + 자사몰 + 채널 입점 + 아이템 발굴)을 구축하고 네이버 카페/밴드/인스타/페이스북 플랫폼 운영하며 지식창업 시스템 서둘러 구축하는 것입니다. 이 트리플 시스템을 모두 가동해 월 수익 목표를 세우고 달성 방안을 분산화하는 전략을 추천드립니다.

> **요약** '월 1억 번다.'는 사람에게 '월1억 버는 아이템이 사라지면 어떻게 할 거냐?'라고 물어보십시오. 이때 대안이 없는 사람은 조만간 망한다고 봐도 됩니다.

식품 법규&클레임 리스크 방어의 중요성
(부제: 리스크에 대해 무방비 상태면 달성한 매출 이상으로 망한다.)

이번 글에서는 실제 사례를 통해 식품 법규와 클레임에 대한 대처가 얼마나 중요한지를 알려 드리고 어떻게 하면 식품 법규를 지키는 동시에 리스크를 방어하면서 돈을 벌 수 있는지에 대해 이야기해보겠습니다. 아래는 제가 정리한 9가지 리스트 유형입니다.

1. 과대광고

과대광고의 경우 1인 식품기업 연구소에서 계속 짚어 드리고 있는데 아래 글을 쭉 읽어 보면 어떤 것이 과대광고인지 명확해질 것입니다. 하지만 이것 또한 정답이 아닙니다. 아무것도 안 하고 있으면 돈을 못 벌고, 과하게 하면 벌금을 부과받거나 심한 경우 구속까지 당할 수 있습니다.

2. 해외배송 대행 판매

1) 유니패스 관세

저 또한 이걸 몰라서 신고를 안 했는데 결국 식약처로 소환돼 시정 조치를 받았습니다. 심한 경우 시정 조치가 아니라 검찰에 송치돼 벌금형을 받기도 합니다.

2) 해외 식품 구매 대행업/수입 판매원

정식 수입절차는 자본이 들어가지 않고서는 거의 불가능합니다. 그래서 정식 수입원의 물건을 도매로 받든지 아니면 해외 구매 대행으로 진행해야 합니다. 다만 해외구매대행을 할 때는 식약처에서 설정한 해외구매대행 유해물질리스트를 참고해 금지 품목이 없는지를 확인하고 대처해야 합니다.

3. 식품표기사항

'제조원/품목보고신고/소분원/유통기한 설정 방법/제조공정도 작성 방법' 등을 구체적 예시를 통해 파악하고 '식품안전나라'에 등록할 수 있어야 합니다.

4. 영업 등록

업태, 업종 추가: 일례로 OEM 생산을 하면서 유통전문판매원을 거치지 않고 영업을 하는 사례도 있는데 식약처 조사로 적발되면 바로 '영업정지' 조치를 받습니다.

5. 영양표시정보

법적 의무는 아니지만 소비자들이 원하므로 전문기관에 의뢰한 후 표기하는 것이 좋습니다.

6. 안전과 리스크 사이에서 중립 전략이 필요

안전만 추구해서는 돈을 벌 수 없습니다. 다만 모든 리스크를 고려하고 경중을 판단해 나가는 전략이 필요합니다.

7. 온라인 상에서 적을 만들지 않는 전략이 필요

신고를 하는 주체는 대부분 경쟁 업체입니다. 따라서 온라인 업체들 사이에서는 착한 이미지, 호감형 이미지를 형성하는 전략이 필요합니다. 예를 들어 기부를 한다든지, 브랜드 스토리텔링을 진정성 있게 진행한다든지, 경쟁 업체에 대한 과도한 마케팅을 자제하는 식의 전략을 써야 합니다. 실제로 가격 경쟁을 심하게 부추기거나, 온라인상에서 눈살을 찌푸릴 정도로 마케팅을 진행하면 경쟁사의 질투와 시기심을 자극해 피해를 볼 수 있습니다.

8. 자사몰 운영 시 PG사의 카드 결제 한도에 대한 확인이 필요

매출이 폭발할 시에 결제 한도가 설정되는 경우가 있으므로 PG사의 한도를 확인한 후 최대한 늘리는 조치가 필요합니다.

9. 이물 클레임 대처

식품의 이물은 크게 일반 이물과 치명 이물로 나뉩니다. 쇳가루나 금속 재질, 유리 등은 치명 이물로 분류돼 있어 적발 시에는 큰 문제가 생길 수 있습니다. 사실 가내수공업이나 이물제어공정이 없는 공장의 경우 무방비로 리스크에 노출돼 있다고 보면 됩니다.

금속검출기 가격만 해도 천만 원이 훌쩍 넘는 경우가 많으므로, 작은 제조사 입장에서는 이물선별공정을 추가하거나 샘플 검사를 진행하는 것이 좋습니다. 만약 위탁 제조를 하는 경우에는 제조사의 이물제어능력을 반드시 파악하시고 클레임에 대처하시기 바랍니다.

OEM 계약서를 쓰게 되면 제조사가 제조물에 대한 책임을 전적으로 지게 됩니다. 그래서 제조사가 가장 좋은 품질의 제품을 만들 수 있도록 판매자도 협력해야 하며 지속적으로 품질 관리를 함께 해 나가야 합니다.

이외에도 수십 가지의 리스크가 발생하는 상황이 생기는데 이런 변수들을 모두 겪어 보고 대처해본 사람만이 리스크가 발생했을 때 가장 효과적으로 대처할 수 있습니다.

제품 라이프사이클 이론

(부제: 시장 진입 유무를 알려면 먼저 자신을 알아야 한다.)

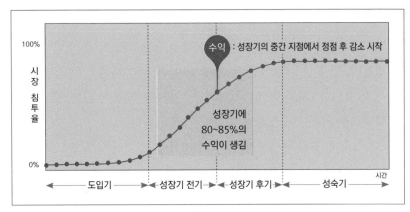

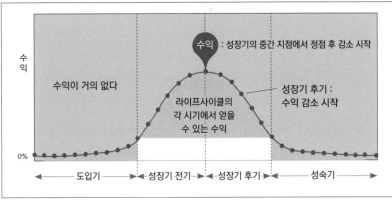

〈제품 라이플 사이클 이론〉

1인 식품기업으로 비상식적 온라인 유통 트리플 시스템 만들기

이번 시간에는 제품 주기 라이프사이클 이론과 실제, 제품을 론칭할 때 고려해야 하는 요소에 관해서 이야기하고자 합니다. 먼저 이론을 통해 설명한 후 구체적인 한 가지 예를 들면서 추가 설명을 하겠습니다.

현재 제가 판매하고 있는 아이템의 예를 들어보겠습니다. 제가 본격적으로 제품 판매에 들어간 때는 19년 10월이었습니다. 그때 저는 주기 이론을 모르고 있었기 때문에 굉장히 늦었다고 생각했습니다. 하지만 지금 생각해보면 19년 4-9월 사이에는 관심만 많았을 뿐 재구매가 이뤄지지는 않았습니다. 아래에 있는 제품 검색 수를 보시기 바랍니다.

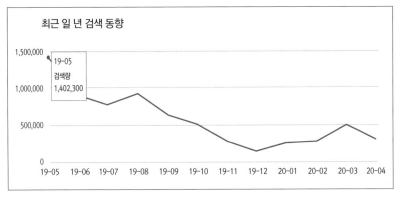

〈블랙키위 사이트(연간트렌드 검색)〉

이 그래프의 1~4월 사이가 제품의 성장기 전기-후기였습니다. 5월부터는 제품의 성장기 후기-성숙기로 접어 들면서 제품 경쟁이 치열해지고 수익성이 점점 감소하고 있습니다. 하지만 시장 전기에 진입한 사람들은 재구매와 기존 고객을 확보해 두었기 때문에 큰 영향을 받지 않을 수도 있습니다. 이것을 감지하지 못하고 무리한 마케팅 자원을 투입하거나 지금 시장에 들어오면 몇 달 안에 시장이 축소되고 나눠 먹기가 횡행하는 현상에 본의 아니게 동참하게 됩니다.

결국 살아남는 방법은 이 주기를 감지하는 내공을 쌓고 지속적으로 홈쇼핑과 TV 프로그램 편성표에 집중하면서 어떤 제품이 성장기 전기에 접어들었는지를 파악한 후 빠르게 시장에 진입하는 것뿐입니다.

반대의 예로는 '수익 보장성으로 인해 지속적으로 존재하는 아이템 시장'을 들 수 있습니다. 여기에는 유산균, 저분자 콜라겐 등이 해당합니다. 하지만 경쟁이 치열하다는 것을 감지하지 못한 채 시장에 진입했다가, 나의 객관적인 힘을 파악하지도 못하고 나가 떨어지는 경우도 빈번하게 발생합니다.

경쟁자들이 블로그 글을 어느 정도 발행하고 있는지, 카페 마케팅은 어떻게 이뤄지고 있는지, 어느 정도의 글이 어떤 주기로 올라왔다가 없어지는지 이 시장이 키워드 시장인지 아니면 유튜브로 띄워야 하는 시장인지를 알아야 합니다.

또 앞서 언급한 것들 이외의 다양한 요소를 분석하고 내 마케팅 자원이 이 경쟁에서 이길 수 있는 힘(돈)을 가지고 있는지를 객관적으로 파악한 후에 시장으로 진입해야 합니다. 하지만 현재의 자금과 마케팅 자원 및 인력 시스템이 어느 정도 갖추어진 데다가 자동화까지 됐다면, 수익보장형 시장에 도전하는 것도 하나의 방법입니다. 경쟁 구조에서 위로 올라가기는 힘들지만, 도달했을 때는 굉장히 오랜 기간 동안 수익을 보장받을 수 있기 때문입니다.

그럼에도 저는 시장이 형성되는 시점을 포착하고 최소 마케팅 자원을 활용하며 새로운 아이템을 앞세워 시장에 진입하여 기존 고객을 확보하고 재구매를 유도하는 마케팅을 강화하는 방법을 추천합니다. 다만 그런 아이템을 판단하는 내공과 트렌드 포착 능력을 길러야 한다는 전제 조건 하에서 추천드립니다. 항상 말은 쉽지만 어려운 일입니다.

지금 당장 마진이 없더라도 무조건 월 천 매출을 찍어라
(부제: 한번 월 천 찍으면 계속 찍을 수 있다.)

　이번 글에서는 당장 수익이 안 나오더라도 매출을 올려야만 지속가능성을 확보할 수 있다는 사실에 대해서 이야기해보고자 합니다. 이 칼럼의 내용은 저에게도 해당됩니다. 먼저 두 사람의 구체적인 사례를 통해서 왜 수익에 상관없이 매출을 찍어 보는 게 유리한지를 이야기해보겠습니다.

　첫 번째 사람은 월 천만 원을 찍기 위해서 '어떻게 하면 돈을 들이지 않고 매출을 올릴 수 있을까?'라는 생각을 고도로 발달시킵니다. 그래서 유튜브도 보고, 강의도 보고, 어떻게 하면 돈을 안 쓰고 수익을 극대화할 수 있을까라는 고민을 하면서 실행에 옮깁니다.

　하지만 유통업에서 돈을 쓰지 않고 돈을 벌 수 있는 방법은 무자본 창업밖에 없습니다. 그런데 무자본 창업조차도 돈을 쓰면서 시행착오를 겪은 경험을 파는 것이기 때문에 돈이 들어갈 수밖에 없습니다.

두 번째 사람은 월 천만 원을 벌기 위해서 과감히 시행착오를 경험합니다. 돈도 써보고 고액 강의도 들어보고 직원도 뽑아보고 광고비를 집행하는 동안 빚이 1억을 넘어갑니다. 그런데 이 사람은 이 기간 동안 매출이라는 것을 경험합니다. '아, 이렇게 돈을 쓰면 돈이 들어오는구나!', '이렇게 돈을 쓰면 망하는구나!', '이렇게 하면 사기를 당하는구나!' 등의 경험과 지식을 얻게 됩니다.

여기서 가장 중요한 차이점은 위의 사람은 실패의 충격을 받지 못했고, 이 사람은 실패의 충격을 가슴속으로 깊이 경험했습니다. 이미 여기서부터 첫 번째 사람은 두 번째 사람을 절대로 이길 수 없습니다.

신기하게도 내가 경험한 매출은 절대 다른 곳으로 가지 않습니다. 후자는 무의식 속에는 '월 천을 버는 것이 당연하다.'라는 확신이 자리를 잡습니다. 왜냐하면 내가 직접 벌어봤기 때문입니다. 이제부터는 경험과 지식이 쌓이면 쌓일수록, 예전에는 무의식이 받아들이지 못했던 '내가 얼마를 벌 것이다.'라는 생각이 무의식 깊은 곳에 인식이 됩니다.

과거에 두 사람은 같은 수입을 가지고 있었습니다. 처음에 언급한 사람에게 1억짜리, 10억짜리의 새로운 아이디어가 들어와도 그 사람의 의식이 새로운 아이디어를 받아들이지 않습니다. 의식이 그 사람의 과거에 사로잡혀 흡수를 하지 않기 때문입니다. 하지만 두 번째 사람은 매출 경험을 통해 1억짜리, 10억짜리 아이디어를 흡수하고 재조합하기 시작합니다.

이제부터는 두 번째 사람이 걷잡을 수 없이 월등하게 앞서 나가기 시작합니다. 당신이 두려움의 장벽을 넘을 때 경험하는 '의심, 두려움, 불안'은 가능성의 부족으로부터 오는 게 아니라 당신의 잠재의식 속에 있는 열등한 조건으로부터 나옵니다. 결국 두 사람의 차이는 성장을 향해 '앞으로 나아가느냐, 안전지대에서 뒷걸음치느냐.'입니다. 용기를 내어 내가 생각하는 대로 살지 않으면 머지않아 사는 대로 그냥 살게 되는 겁니다. 따라서 위험을 감수하고 과감하게 지르는 사람을 이길 수 없는 겁니다.

당신이 월 천/억을 벌고 싶다면 당신의 생각, 감정, 행동을 바꿔야 합니다. 불편한 것에 도전해야 합니다. 저도 어느 정도 성장을 하면서 현실에 안주하고 싶다는 생각에 사로 잡힌 적이 있습니다. 그래서 더 이상 앞으로 나아가지 않았습니다. 그런 와중에 강의를 듣다가 이 말을 듣고 변화하게 돼 정직원과 재택 직원을 각각 1명씩 추가 채용했고, 온전히 제가 생각해낸 아이디어를 사업을 확장하는 데 쓰고 있습니다.

직원의 능력치를 최대로 올린다면 월급의 10배, 100배, 1000배의 돈을 가져다줄 것입니다. 가능성은 무한대입니다. 저를 움직인 말은 "비즈니스는 성장하지 않으면 후퇴한다.", "회사가 성장하지 않으면 사람들이 지친다.", "오래됐지만 성장하지 않으면 썩은 나무이다.", "오래됨과 성장이 병행돼야 한다."입니다.

위기의식을 가지고 작두 위를 걷는 느낌으로 비즈니스를 하지 않으면 도태될 것 같다는 직관을 가지게 됐습니다. 그래서 또 다시 사기를 당하기 위해 지르려고 합니다. 망할지도 모르겠습니다. 그런데 한 가지 중요한 점은, 차라리 사기를 당하고 돈을 날려보는 게 아무것도 안 하는 것보다는 낫다는 사실입니다.

그러니 지금 당장 마진이 없더라도 무조건 월 천을 매출을 찍으십시오. 과감히 시행착오를 겪으면서 비즈니스 감을 익히면 경험(데이터)가 쌓입니다. 그러면 다음번에는 마진과 함께 성공할 확률은 높아집니다. 월 천 매출의 경험이 있어야만, 월 1억도 가능한 것입니다.

PART
04

우리나라에 온라인 마케팅 강의 및 관련 책은 너무 많습니다. 하지만 이것을 하나하나 듣고 취합해서 내 것으로 만드는 작업은 쉽지가 않습니다. 이 파트에서는 일반적으로 책에서 공개하지 말아야 하는 마케팅의 비밀까지 알게 될 것입니다.

1인 식품기업
마케팅의 비밀

고객이 당신의 서비스를 결제하게 하는 방법
(부제: 고객이 가치를 보게 하고, 그 기회를 줘라)

이번 글에서는 예전 리더십 프로그램에서 제가 12명을 교육에 등록시키고 1인 식품기업연구소가 1:1 특강을 통해 1:1 평생컨설팅에서 4개월 만에 30명의 멤버십을 구축한 사례를 설명드리겠습니다. 그리고 이를 통해 여러분이 고객들에게 진심으로 가치와 기회를 제공할 수 있는 방법에 관해서도 이야기해보고자 합니다.

첫 번째, 이 교육을 선택해야 하는 이유를 3-5가지로 압축해 어떤 반박도 할 수 없도록 세팅합니다. 1인 식품 기업연구소를 예로 들어보겠습니다.

1인 식품기업연구소를 선택해야 하는 5가지 이유
 1. 국내 최초, 파격적인 MOQ(최소발주수량) 및 OEM(주문자 상표에 의한 제품생산)
 2. 국내외 온라인 마케팅 정보 큐레이션 서비스
 3. 평생 1:1 오프라인 미팅 제공

4. 삼위일체 트리플 솔루션을 통한 1인 브랜딩 시스템 구축

5. 막강한 컨설팅 멤버십 인프라

두 번째, 실제 후기를 배치합니다.

안녕하세요
패스파인더님께 평생컨설팅을 받게 된 백호준 이라고 합니다.
6월 트렌드헌터에서 1인셀러 강의에 1억매출 신화를 일으킨 분이 있다하여
마침 모든 사업을 접으려고 했던 저에게 전광석화 같이 지나가는 무언가가 있었고
주저없이 교육을 신청하고 들었습니다.
대단한 스킬과 어떤 노하우를 배우러간거긴 하지만 사실 대표님의 한마디 한마디가
제가 생각하고 실패했던 경험을 이야기 하시는데 마치 저의 생각을 모두 읽고 있는거 같다는 감명을 받고
사실 컨설팅 비용을 생각하면 과감히 지를수 없는 상황이었지만, 영혼까지 끌어모아
1:1: 컨설팅을 진행하였습니다.

오늘 기대하는 마음으로 1:1컨설팅에 참가하였고,
나의 선택이 틀리지 않았고, 이곳에서 누차 후기로 올라왔던 내용들이 모두 사실이구나를 확실히 알게되었습니다.

제가 가지고 있던 아이템을 정확하게 활용하는 방법
진심으로 컨설팅에 임하시는 자세, 뭔가 어설프지만서도 어느 하나 빈틈없는 지적들이
첫시간을 어떻게 보냈는지 모르겠습니다.
평생컨설팅은 3개월후 부터는 본인께서 손해라고 하시면서 그렇지만 진심어린 조언들이
평생 믿고 같이 할수 있는 분이겠구나 라는 생각이 들었습니다.

저는 이미 소싱에는 자신있었지만,
그 생각도 내려놓고 앞으로 다른 컨설팅 멤버분들 처럼 차분히 제자도의 길을 따라가다보면
저를 바라보는 제자도 생기지 않을까 생각해봅니다!^^

아이템 좋다 좋다 계속 얘기해주셔서 자신감 많이 생겼고
빠른 실행력으로 자주자주 소통하며 카페분들과도 또 컨설팅 멤버들과의 스터디도
잘 준비하여 서로에게 도움될수 있는 사업가로 성장하겠습니다!

혹시나 평생컨설팅 그거 어디가나 할수 있어, 아니면 너무 비싼데 진짜일까 고민하시는분들
정말 진짜 후기라서 빈말을 쓰는것이 아니라 정직하게 말씀드릴수 있는것이 고민하는 사이 기차는 떠나가고 있으니
빨리 결정하라고 말씀드리고 싶습니다!!!^^

잘 만들어보겠습니다!!!!

〈컨설팅 실제후기 내용〉

　　　　1인 식품기업으로 비상식적 온라인 유통 트리플 시스템 만들기

세 번째, 1:1 특강 시 만든 마인드 맵을 통해 고객의 사업에 관한 구체적인 방법론과 전략을 제시합니다.

이를 통해 반박할 수 없는 시스템과 자신의 사업도 전혀 다르지 않다는 인식을 주고 마인드 맵을 짜는 데 정말 필요한 맞춤형 최고급 자료까지 제공합니다. 이쯤 되면 고객들은 미안함을 느낍니다. 지불한 강의료보다 더 얻어 가는 느낌을 받기 때문입니다. 이제 고객들은 마인드맵을 통해 자기 사업의 미래를 그렸다고 생각합니다. 그런데 이런 고민이 나오기도 합니다.

"만약 효과가 없으면 어떻게 해?",

"아마 내가 다 아는 것일 거야."

"어떻게 올바른 선택을 할까?"

"좀 더 생각을 해봐야겠어"

이런 고민들은 결국 "정말 가치가 있을까?"라는 질문과 연결됩니다. 궁극적으로 고객들만이 이 질문에 대답할 수 있습니다. 이런 생각은 뭔가 중요한 결정을 할 때마다 인간의 뇌에서 자연스럽게 나오는 것입니다. 왜 그럴까요? 과거에는 바로 그런 생각이나 느낌 때문에 결정을 못했고 이로 인해 원하는 결과를 얻지 못한 경험이 여러분의 행동을 부추기기 때문입니다. 여기서 마윈의 이야기를 해보겠습니다. 정말 유명한 사람의 말을 빌려서 이야기를 하면 사람들은 반박을 할 수 없습니다. 마윈이 이런 말을 했죠.

"세상에서 가장 일하기 힘든 사람은 마음이 가난한 사람이다. 자유를 주면 함정이라고 하고 작은 비즈니스를 하자고 하면 돈을 별로 못 번다고 하고 큰 비즈니스를 하자고 하면 돈이 없다고 한다. 새로운 것을 실행하자고 하면 경험이 없다고 하고 전통적 비즈니스를 하자고 하면 어렵다고 하고 새로운 비즈니스 모델이라고 하면 다단계라고 손사래를 친다.

그들에게는 공통점이 있다. 그들은 구글이나 포털에 물어보기를 좋아하고 희망 없는 친구들의 의견을 듣는 것을 좋아하고 대학 교수보다 더 많은 생각을 하지만 장님보다도 더 적게 일을 한다. 그들에게 물어보라 '무엇을 할 수 있는지?' 그들은 대답할 수 없다.

내 결론은 이렇다. 당신의 심장이 빨리 뛰는 것보다 빨리 행동하고 그것에 대해 생각해보는 대신 무언가를 그냥 하라. 가난한 사람들은 공통적인 한 가지 행동 때문에 실패한다. 그들의 인생은 기다리다가 끝이 난다. 그렇다면 현재 자신에게 물어보라. '당신은 가난한 사람인가?'"

저는 리더십 교육 최고 과정에 참여하는 도중에 ○○○보험사의 최고 임원들을 등록시키는 일을 한 적이 있습니다. 그분들은 이미 많은 성공을 이룬 사람들이었습니다. 그런데 그분들이 가장 많이 등록을 하셨습니다. '왜 등록했냐?'고 물어보자 이렇게 대답하셨습니다.

"나는 어떤 것의 가치를 알아볼 때 심장이 뛰는 것보다 빨리 행동한다. 생각이 많아지면 기회가 사라지기 때문이다."

여러분들이 이것을 하나의 기회로 본다면 일반적으로 사람들을 멈추게 하는 이유 때문에 망설이지 마십시오.

자, 보십시오. 하나의 연출인 것 같은데 사기가 하나도 들어 있지 않습니다. 실제 경험이며 진심과 진정성이 담겨 있습니다. 실제로 평생 컨설팅을 해온 분들은 정말 성공할 수 있는 DNA를 가지고 있습니다. 일반적으로 멈추는 이유에서 멈추지 않았고 사기가 아닌 것을 분별했으

1인 식품기업으로 비상식적 온라인 유통 트리플 시스템 만들기

며 한 사람의 진심을 읽을 수 있는 능력을 가지고 있기 때문입니다.

마지막으로 일식연(1인 식품기업연구소)의 비전에 대해 이야기하겠습니다.

> ### 일식연의 비전
>
> 1인 식품 기업을 운영하기 시작한 사람들의 생각과 태도의 변화를 일으켜 최소 자본으로 자신만의 브랜드와 제품을 만들어 나가고 리스크가 적은 상황 속에서 다양한 실패를 하며 성공의 확률을 높일 수 있도록 기여한다.

최고급 정보가 쓰레기가 되는 이유

(부제: 실행력 없는 사람들의 공통점)

이번 글에서는 컨설팅 과정에서 사람들이 최고급 정보를 습득하고도 실행하지 못하는 이유에 대해 고민하다가 얻은 결론과 생각을 이야기하고자 합니다.

실행력 부재의 근본적인 원인으로는 자신에 대한 인문학적/철학적 이해가 부족한 것을 들 수 있습니다. 저는 사업을 시작하기 위해서는 나 자신에 대한 이해 즉 자신에 대한 인문학적 성찰을 심도 있게 하여 보고 진정 내가 원하는 것이 무엇인지를 정확히 알아야 한다고 생각합니다. 그리고 이런 사람이 사업을 할 때 절대적으로 유리하다고 생각합니다.

즉 돈을 주고 최고급 정보를 습득하기 이전에 이 정보를 응용하고 실행할 수 있는 소양이 있느냐 없느냐를 알아야 한다는 말입니다. 이런 인문학적인 소양이 부재한 상황에서 정보를 받으면 그 정보가 쓰레기가 되고 맙니다.

일본 NLP전문가인 호리이케이의 '인생을 위한 NLP'라는 책은 사람의 변화를 만들기 위해서는 근본적인 질문에 대한 질의응답이 이뤄져야 한다고 말합니다.

1. 당신이 진정으로 원하는 것은 무엇인가?
2. 당신이 무엇인가를 시도하려고 할 때 내면으로부터 '지금은 그것을 할 때가 아니야/너는 아무 것도 못해/더욱 신중해야 하지 않겠니? 될지 안 될지 모르니까 차라리 그만두자.'라는 말들이 올라오는 경우는 없는가?
3. '너에게는 무리가 아닐까?'와 같이 자기 내부에서 울려 나오는 목소리를 듣고 정말로 하고 싶은 일을 단념한 적은 없는가?

이런 심도 깊은 질의응답 속에서 '왜 자신은 이 행동을 하지 않는 것인가 근본적인 이유가 무엇인가?'라는 질문에 대한 대답이 마음속으로부터 올라온다면 비로소 실행력이 나오게 됩니다. 이런 종류의 고민과 성찰이 선행되지 않고서는 절대 실행력을 얻을 수 없습니다.

저는 사업을 하기 전에 우연히 NLP와 흡사한 미국의 리더십 프로그램에 참가해 혹독한 훈련을 받았습니다. 그리고 돈과 시간을 써 가면서 위의 질문에 대한 답을 지속적으로 찾아왔습니다. 이처럼 이런 종류의

1인 식품기업으로 비상식적 온라인 유통 트리플 시스템 만들기

질문에 대한 답을 지속적으로 내려온 저는 명확한 컨설팅 비전을 가지고 있습니다.

> **비전** 1인 식품 기업을 운영하기 시작한 사람들의 생각과 태도의 변화를 일으켜 다양한 실패를 경험하면서 성공 확률을 높일 수 있도록 기여한다.

이런 비전과 함께, 실행할 수밖에 없는 시스템을 구축한다는 것은 근본적으로 '나에 대한 이해'라는 트리거를 토대로 시스템을 구축함을 의미합니다. 즉, '이거 해야 하는데 왜 안 하지?'라는 답답함이 존재한다면, 그것은 심리적인 문제입니다. 이럴 경우에는 아무리 다른 곳을 찾아가고 다른 고액 마케팅 강의를 들어도 답이 안 나옵니다.

제가 '1인 식품 기업연구소'라는 카페를 운영하기 전에는 3가지 심리적 제약이 있었습니다. 그래서 이런 심리적인 문제를 극복해 가면서 이 카페를 만들었습니다.

저의 심리적 제약은
1. 나는 말을 잘 못한다.
2. 나는 글을 잘 못 쓴다.
3. 나는 전문가가 아니다. (내가 무슨 컨설팅/강의를 하나)

근본적인 질문과 답을 통해 이 3가지의 심리적 제약을 극복한 이후 저의 인식은 아래와 같이 변했습니다.

1. 나는 말을 못하지만 진정성이 있다. 말을 못하는 건 전혀 문제가 아니다.
2. 나는 글을 못 쓰지만 내 글에는 진정성이 있다. 맞춤법 따위가 문제는 아니다.
3. 나는 전문가가 아니다. 하지만 나는 기존 전문가들도 해결하지 못한 문제를 해결했다.

이런 식으로 인식이 변하자 행동의 변화가 나타났고 결국 실행력의 강화로 이어졌습니다. 물론 아직도 극복하지 못한 심리적 제약이 많은 것도 사실입니다. 하지만 위에서 언급한 인문학적 탐구를 활용해 심리적 문제를 하나하나 극복해 간다면, 사업에서 실행하지 못하는 부분들이 하나하나 줄어들 겁니다.

현재 저의 심리적 제약은 약 2가지입니다.
1. 유튜브(최근에 없앴습니다.)/팟캐스트
2. 외모를 꾸미는 능력

저는 위에 것에 대한 최고급 정보를 가지고 있습니다. 하지만 실행을 하지 않고 있습니다. 타인이 보기에는 이해할 수 없는 행동입니다. 즉 심리적인 문제가 있다는 의미입니다. 정보가 없어서 못 하는 것이 아닙니다. 심리적 문제가 있어서 못 하는 겁니다.

지금 당장 사업에 적용하는 독서 방법
(부제: 책을 돈으로 바꾸는 방법)

이번 시간에는 책을 읽고 얻은 지식과 교훈 등을 바로 사업에 적용하는 방법에 대해 알아보겠습니다.

저는 책을 읽으면서 내용 등을 마인드맵으로 정리해 지식을 쌓아 놓았다가 다른 지식과 책의 지식이 연결됐을 때 즉각적으로 실행합니다. 이 글은 철저하게 추상적이지 않은 날 것의 예시만을 설명합니다.

첫 번째 적용 사례

1) 팔지 마라, 사게 하라.

위에 있는 마인드맵은 '군중 이용'이라는 책에 있는 내용으로, 20만 명의 구매자와 200만 명의 회원을 거느리고 있는 상품입니다.

→ 이것은 상세페이지에 바로 삽입 가능합니다.

2) 뒤집기 전략: 1위 나이키 VS 2위 아디다스

→ 1인 식품기업 연구소의 전략에도 적용할 수 있습니다. 업계 1위의 약점을 집요하게 파고 들어 우리의 가치를 전달합니다.

3) 맞불 지르기 전략: 나의 약점을 드러내라.

→ 1인 식품기업 연구소 전략 중 하나로 저의 약점과 솔직함 등을 솔직하게 칼럼에 담습니다.

4) 힘 있는 언어로 말하면 하게 된다.

→ 컨설팅 시 언어에 힘을 싣고 영혼을 담아 이야기합니다.

두 번째 적용 사례: 클루지+유튜브

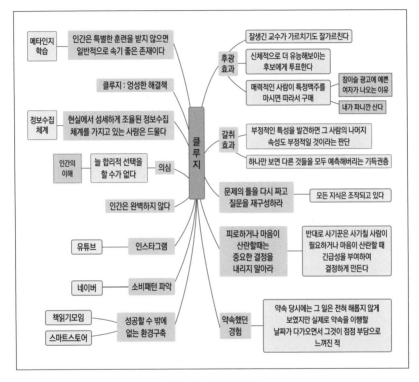

〈클루지책 마인드맵 요약〉

클루지에 '후광효과'라는 말이 있습니다. 현재 유튜브(최근 개설)와 외적 프레젠테이션에 대한 심리적 제약이 있기에 다른 방법을 찾아봅니다. 이 책을 적용해보니 굳이 제가 나올 필요가 없습니다.

1인 식품기업으로 비상식적 온라인 유통 트리플 시스템 만들기

저와 함께 일하는 사람들 중에서 뛰어난 외적 프레젠테이션 역량을 가진 사람을 활용하면 되고 유튜브는 제가 직접 대본을 써서 진행할 수 있습니다. 만약 당신이 심리적 장벽 때문에 실행하지 못한다면, 당신을 대신해서 심리적 장벽을 극복해줄 파트너를 늘리세요.

세 번째 적용 사례

저는 책도 읽지만 강의 자료도 반복해서 읽습니다. 왜냐하면 강의를 들어도 전체 내용을 모두 실행하기는 어렵기 때문입니다. 이번에도 3번째 강의 자료를 잡지책 보듯이 읽었는데 실행하지 않은 것이 보입니다.

강의 자료에 소책자를 뿌리면 가입자가 들어온다는 내용이 있는 걸 보고 바로 수십 개의 커뮤니티에 소책자를 뿌립니다. 실행하는 순간 플러스친구에 60여 명이 추가로 가입했고, 카페 회원 수는 1,000명을 넘어섰습니다.

소책자 링크 : https://cafe.naver.com/food2008/129458

NAVER | 1인식품기업성공시크릿 비법서 무료 배포 | ⌨ ▾ | 🔍

이런 방법으로 책을 읽는 동시에 사업을 만들어낼 수 있습니다. 저는 이런 일이 너무 재밌어서 놀이처럼 즐겁게 하고 있습니다.

매출&구매평을 10배 올리는 상세페이지 전략
(부제: 소비자의 욕망을 자극하라)

이번 글에서 쇼핑몰 상세페이지의 상단에 반드시 배치해야 하는 판촉, 구매평을 확보하는 전략에 대해 알아보겠습니다.

상세페이지의 구성방법

1. 가격 책정: 가격은 20,000원보다 19,900원으로 하라.
2. 메인 타이틀: 브랜드&상품 스토리
   1) 대표 이미지는 무조건 튀게
   2) 브랜드 스토리를 잘 표현한 홈페이지 참고
   *상품 내 전단지 삽입 전략&팸플릿 삽입 전략
3. 이벤트: 구매평을 유도하는 장치를 삽입
   1) 구매 평 캡처 후 상단에 배치
   2) 완판 전략
   3) 뇌물 이벤트
   4) 포토 상품 평 작성 시 환불 이벤트

구매전환율을 올리는 방법 -1

1. 처음부터 고객에게 상세페이지를 강하게 인지시키는 방법
   - 구매 시 혜택을 줘라.
   - 실제로는 높은 가격을 책정한 후 파격 할인 및 증정품 증정 등의 조건을 건다.
2. 유입 시키고 머물게 하려면 후기 이벤트/카톡 친구 이벤트 및 GIF 움짤 등을 앞쪽에 배치하라.

3. 생산자 및 생산 시설을 시각화해 신뢰성을 향상(생산자 얼굴 공개는 생각보다 강력합니다.)

4. 실제 고객들의 후기를 앞에 배치하라.

5. 고객이 제품을 살 수 있도록 당위성을 조성 및 강조
   - 공포와 불안감을 조성, 장점을 부각 및 비교
   - 감정 기복을 강하게 느끼게 하는 것일수록 각인이 잘 된다.
   - 불안과 혐오를 부각하자.

6. 타사와의 비교를 통해 우리 제품의 장점을 부각

7. 인증서, 제조 시설 등과 같이 제조사의 신뢰성을 올릴 수 있는 것들을 나열한다.

   * 인간은 생각보다 합리적이지 않습니다. 그래서 감성, 감정을 자극하는 동시에 스토리를 풀어 나가면서 상세페이지를 기획해야 합니다.

구매전환율을 올리는 방법 -2

판매자의 물품을 요약

1) 구매를 해야 하는 이유를 넣는다(20가지).

2) 유사한 사진도 여러 장 넣는다.

3) 소비자가 당연히 알 만한 내용일지라도 신뢰도를 높이기 위해서는 디테일한 내용을 적어야 한다. 소비자는 너무 짧으면 믿지 않는다. 당연한 것을 장황하게 적는 것도 필요하다.

4) 상품 이미지: 최대한 분위기 있는 사진으로 구성한다.

5) 상품 설명

6) 배송정보유의사항

   택배 기사를 생각하는 것 같지만 결국에는 고객을 생각한다는 내용의 감동 어구 삽입

월 매출 1억이 넘는 쇼핑몰 대표가
1인 식품기업 연구소와 함께하는 이유
(부제: 인격과 능력이 함께 공존할 때 벌어지는 일)

이번 글에서는 저의 상식으로는 도저히 이해할 수 없는 컨설팅 사례가 생기는 이유에 대해 고민해보고 내린 결론을 이야기하려고 합니다.

저는 의도적으로 사람들을 설득하려고 한 것이 아니라 솔직한 경험을 글로 표현했을 뿐인데, 저조차도 강의를 선택할 때 저보다 매출이 적은 사람을 선택하지 않습니다. 그런데 저는 저보다 매출이 50% 이상 높은 대표님들에게 상담을 하고 있습니다

왜? 도대체 무슨 이유로 저에게 고액의 돈을 주는 것일까요? 이것에 대해 고민해보고 답해보는 시간을 가졌습니다. 그리고 결론을 내렸습니다. 아래의 이유 때문입니다.

1. 사람들은 인격(=매력)이 높은 사람과 함께하고 싶어 합니다.

여기서 인격은 무엇일까요? 우선 네이버 백과사전의 정의입니다.

> ◀)) **인격, 人格**
> /-껵/
>
> 명사
>
> 1. 사람이 사람으로서 가지는 자격이나 품격.
>   "~ 형성"
>
> 2. [심리학]
>   한 개인이 자기 자신을 유일하고도 지속적인 자아(自我)라고 의식하는 작용.

출처: 네이버 백과 사전

1인 식품기업으로 비상식적 온라인 유통 트리플 시스템 만들기

인격은 정이 넘치고 배짱도 있고 화를 내야 할 때 화를 내는 것입니다. 웃을 때 웃는 것, 이게 진짜 성인의 모습입니다. 여기에 지식과 실력까지 있으면 그것이 매력으로 발현됩니다.

당신은 스토리만으로도 인격을 얻을 수 있습니다. 사람들이 좋아하는 것은 인정, 의리, 공감, 열정, 끈기, 배짱, 도전입니다. 저의 칼럼에는 위에서 언급한 요소가 모두 있는데, 그것은 바로 실제의 사례, 즉 날 것의 예시입니다.

2. 아무리 매출이 높고 물건을 잘 판다 한들 시스템이 없다면 말짱 도루묵입니다.

성공하는 DNA를 가진 사람은 자신의 매출을 자신과 동일시하지 않으며 나보다 매출이 낮아도 배울 가치가 있으면 수단과 방법을 가리지 않고 배웁니다. 따라서 매출이 높다는 이유로 자기보다 매출이 낮은 자를 무시하는 사람은 마인드 세팅이 바뀌지 않는 한 분명히 망할 것입니다.

지금 당장 매출이 많아도 파이프라인 시스템이 없거나 사라지면 손다리가 잘리고 망할 것입니다. 저는 무엇인가가 망가져도 일어날 수 있는 수익 파이프라인 시스템이 있고 대표들이 원하는 것이 바로 이것입니다. 사업을 1년만 해보면 왜 이런 시스템을 구축하는 것이 중요한지 알게 될 것입니다.

3. 정보 격차가 큽니다.

이것은 민감한 부분이니 말을 줄이겠습니다. 힌트만 드리자면 저는 아무 일도 안 했는데 일주일에 1-2건씩의 최고급 정보가 저에게 도착합니다. 현재 식품 컨설팅 사례가 400건을 넘어갔는데, 이런 추세가 계속되면 1년 뒤에는 정보의 격차가 더 늘어날 것입니다.

400회의 제조/유통 상담을 통해 만든 시스템 공개
(부제: 정보 비즈니스를 통한 협업 시스템 구축)

이번 글에서는 2019년 3월부터 2020년 7월까지 1인 식품기업 연구소가 식품 제조/유통 컨설팅을 통해 만든 시스템을 공개하고자 합니다.

요즘 가장 재미있게 보고 있는 드라마가 있는데 바로 MBN 드라마인 '우아한 가'입니다. 이 드라마는 대기업 회장직을 두고 가족끼리 벌이는 심리전과 권력 투쟁을 정말 재미있게 표현하고 있습니다. 여기에서 나오는 TOP이라는 조직은 엄청난 정보력을 가지고 있습니다. 그래서 어떤 일이 닥쳤을 때는 정보력에 기초해 수단과 방법을 가리지 않고 대기업의 권력을 보존합니다.

드라마를 보시면 알겠지만 TOP이라는 하부 조직의 정보력이 대기업 회장의 자본력을 능가합니다. 실제로 TOP에서 정한 사람이 회장의 자리로 올라가는 현상이 일어나게 됩니다.

왜 상관없어 보이는 드라마 이야기를 하냐면 실제로 '1인 식품기업 연구소'의 컨설팅이 400회를 넘어가면서 식품 제조/유통 분야에서 TOP의 역할을 할 수 있도록 지원하는 시스템이 완성돼 가고 있기 때문입니다. 2019년 3월에 카페를 만들고 컨설팅 인원으로만 이뤄진 카르텔을 형성하겠다는 말이 현실화되고 있습니다.

그 이유는 1:1 특강을 통해 '1인 식품기업 연구소'를 거쳐 가는 사람들이 많아졌기 때문입니다. 지금도 일주일에 3-4명이 거쳐 가고 있습니다. 여기에는 각 분야에서 활동하는 식품 전문가, 식품 쇼핑몰 운영자, 식품개발 전문가, 유통 전문가, 마케팅 전문가들이 있습니다. 이분들이 가지고 있는 정보가 자연스럽게 저희의 자산으로 쌓여 가고 있습니다. 심지어는 경쟁자들도 1인식품기업연구소를 거쳐 가곤 합니다.

이런 상황이 지속된다면 어떻게 될까요? 식품 제조/유통 분야의 정보가 밀집됩니다. 그러면 저희는 이를 기반으로 말도 안 되는 전략을 세우고 실행할 수 있는데 이는 결국 평생 컨설팅 인원에게 혜택으로 돌아갑니다

제가 좋아하는 '제로 투 원'의 한 구절을 소개해 드리면서 마무리하겠습니다.

"『제로 투 원』은 온라인 결제 서비스 기업 《페이팔》의 공동 창업자 피터 틸이 새로운 것을 창조하는 회사를 만들고, 미래의 흐름을 읽어 성공하는 '창조적 독점'에 대해 다룬 책이다. 이 책에서 '독점'은 자기 분야에서 너무 뛰어나기 때문에 다른 회사들은 감히 그 비슷한 제품조차 내놓지 못하는 회사를 가리킨다."라는 구절이 있습니다.

당신이 월 1,000만 원 수익을 내고도 망하는 이유
(부제: 마인드와 시스템의 중요성)

이번 시간에는 저의 사례를 통해 월 천만 원 수익을 달성하고도 망하는 케이스를 공유하고자 합니다.

저는 사업을 시작한 후 첫 해에 3개의 아이템으로 월 천만 원 수익을 총 3번 달성했지만 망하고 말았습니다. 이렇게 수익을 내고 망하는 과정을 3-5번 겪으면서 저만의 시스템을 만들게 됐는데, 지금까지 수없이 망할 뻔했음에도 일어설 수 있었던 것은 모두 시스템과 파이프라인의 수익 구조 덕분이었습니다.

첫 번째 아이템은 건조과일 칩입니다. 아이유 물 다이어트에 편승해 카카오스토리에서 단타성으로 월 2천만 원의 수익을 냈습니다. 두 번째 아이템은 칼라만시환입니다. 칼라만시가 인기가 많았던 작년 여름에 카카오스토리 플랫폼의 힘을 빌려 월 천만 원의 수익을 올렸습니다. 세 번째 아이템은 서리태입니다. 우연히 출시한 아이템을 몇 명 연예인들이 알아서 홍보해줬습니다. 덕분에 이번 연도까지 인스타, 블로그 공구 아이템으로서 스팟성 수익을 내고 있습니다. 이 시기에 망해 가던 카카오스토리로부터 인스타, 블로그 플랫폼으로 빠르게 옮겨 가면서 운 좋게 살 수 있었습니다.

이때까지도 저는 실력 없는 플랫폼에 기생하는 아이템 보유자 그 이상 이하도 아니었습니다. 괜찮은 수익을 내고도 무리한 확장 때문에 실패한 저는 우연히 저희 몰에 접근한 큰 대형 도매업체 덕분에 전국에 있는 커피숍에 건조 과일을 납품할 수 있는 기회를 얻게 됐습니다. 도매 카페로 시작한 카페가 지식창업컨설팅 카페로 변화하면서 파이프라인이 3개가 됐고 현재는 마케팅 대행 같은 수익 다각화를 급속도로 이뤄가고 있습니다.

따라서 결론은 월 수익 1천만 원이 지속적으로 나오는 아이템에 마케팅 에너지를 온전히 쏟아서 지속적으로 수익이 발생하게 하고 그걸 시스템으로 정착시켜서 내가 일을 하지 않아도 수익이 나오는 시스템을 만들어야 한다는 것입니다. 그리고 다음 단계에서 월 천만 원을 버는 아이템을 한 개씩 시스템화하고, 몇 년 뒤에 월 천만 원을 지속적으로 벌 수 있는 아이템이 5개 이상이 되면 월수입 5천만 원 달성이 어렵지만은 않습니다. 이렇게 되면 무너지지 않는 시스템 속에서 경제적 자유를 얻을 수 있을 것입니다.

하버드 비즈니스 리뷰(경영인사이트 BEST11)

"기업이 끊임없이 브랜드를 재창조한다고 해서 고객이 계속적으로 재구매 하지는 않을 것이다. 고객이 선택을 위해 정신적 에너지를 쓰는 일을 피하도록 돕는 것에서 지속가능한 경쟁 우위가 나온다."

위의 책에서 나왔 듯이 단타성 수익의 한계는 지속 가능한 수익 구조 즉 재구매가 일어나지 않는다는 점입니다. 단발성 수익은 우리에게 아무것도 주지 않습니다. 오히려 우울함과 상대적 박탈감을 느끼게 하고 경제적 자유까지 빼앗아 갑니다.

그렇다면 고객이 선택을 하는 데 정신적 에너지를 쓰는 일을 피하도록 돕는 일에는 무엇이 있을까요? 예를 들자면 1인 식품기업 연구소의 온라인 마케팅 정보 큐레이션 서비스가 있습니다. 지금 이 시간에도 이것은 사업자들이 온라인 마케팅 강의 시장에서 정신적 에너지를 배출하는 현상을 없애 줍니다.

> **요약** 당신이 단타성 수익으로 1천만 원을 달성하면 그때부터 위험이 극도로 증가한다고 생각하라. 즉, 망할 가능성이 1천만 원 이하로 버는 사람보다 높아진다는 의미다. 이 시점에 정신을 제대로 차리고 그 돈을 시스템에 투자하면서 다른 아이템에도 투자해야만 한다. 단, 정확한 정보와 방향에 기초해 진행해야 한다.

시스템이 중요한 것을 아는 당신이 시스템을 갖추지 못하는 이유
(부제: 상식 밖의 사람이 성공한다.)

이번 글에서는 한국에서는 배우기 어려운 시스템을 갖추는 방법에 대해서 이야기해보고자 합니다.

저는 컨설팅을 하면서 거의 400명에 이르는 사람을 만났습니다. 지금부터 이 결과를 토대로 시스템을 갖춘 사람과 그렇지 않은 사람의 차이에 대해 연구한 통계를 보여 드리겠습니다.

시스템을 갖추지 못하는 사람들의 특징

1. 지금 매출에 사람을 쓰는 건 낭비다.
2. 내가 하면 인건비를 아낄 수 있다.
3. 사람을 못 믿는다. 대표가 일을 가장 잘하기 때문에 직원에게 맡길 수 없다.
4. 인격의 부재: 사람들이 그 대표와 함께하는 것을 꺼린다.
5. 사회통념에 물들어서 틀을 깨는 생각을 하지 못한다.

위에 있는 것들 중에 해당되는 요소가 있다면, 당신은 절대 상위 1% 가 될 수 없습니다. 시스템을 갖추지 못할 것이기 때문입니다.

시스템을 갖추는 사람들의 특징

1. 내가 일을 안 해도 시스템이 돌아가게 만든다. 항상 어떻게 해야 내가 일을 하지 않아도 될 것 인가를 생각한다.
2. 하루의 80% 이상을 기획하고, 시스템을 전체적으로 바라보고 수정하는 작업을 한다.
3. 끊임없이 돈을 주고 배운다. 자기계발을 멈추지 않는다.
4. 다른 사람들이 이 사람과 함께하고 싶다는 생각이 들게 만든다. 즉, 인격이 발달돼 있다.
5. 비전이 명확하다. 사업 목적이 돈을 버는 것뿐만 아니라 더 큰 무엇인가를 이루는 데 있다.
6. 사회의 통념에 반기를 들고, 새로운 시스템을 구축하는 것을 좋아한다.

시스템을 갖추는 사람과 갖추지 못하는 사람의 특징을 이해하셨나요? 이 글을 읽고 태도가 변한다면, 고민하지 마시고 설명드린 분신을 만드는 방법부터 지속적으로 실행하면서 인력 시스템부터 하나씩 만들어 보시기 바랍니다. 인력 시스템과 업체 시스템, 업무 프로그램 시스템, 다양한 분야에 종사하는 전문가들과 협업 시스템까지 하나하나 실행해야 합니다.

저희는 당신이 얼마나 대단한 지, 당신의 매출이 얼마인지에 전혀 관심이 없습니다.

(부제: 포커 놀이에 놀아나는 대중들)

이번 글에서는 소싱과도 연결돼 있는 사례에 대해서 이야기해보고자 합니다.

요즘 제 제품의 OEM 제작 문의를 굉장히 많이 받고 있습니다. 이런저런 사람들의 문의를 받다 보니 사람들의 심리를 알 수 있고, 몇 마디 나누다 보면 정보를 캐러 온 사람과 정말 같이 해보려는 사람이 누구인지를 판단할 수 있습니다. 사업 미팅을 너무 많이 하다 보니 사람을 보는 내공도 생겼습니다.

정보를 캐러 오는 사람들은 대화 초반에 어디 회사 이사니 연예인 누

1인 식품기업으로 비상식적 온라인 유통 트리플 시스템 만들기

구를 알고있다느니 하면서 제가 관심이 없는 사항들로 자기를 포장합니다. 아니면 직장인이 거래처랑 통화할 때 쓰는 영혼 없는 멘트를 던집니다. 그런데 저희는 당신이 얼마나 대단한 지, 어느 정도의 매출을 올리는지에 1도 관심이 없습니다.

저희 카페 회원분들께서는 이런 현상을 역으로 이용하시기 바랍니다. 제조사이면서 소싱도 하는 저는 두 입장 모두 정확히 알고 있습니다. 무슨 말이냐 면 당신이 누군가에게 소싱을 요청할 때는 사기꾼이 하는 것처럼 자신을 포장하면서 해야 합니다. 왜냐하면 우리나라에는 돈을 벌어주겠다고 했을 때 달려 드는 호구들이 많기 때문입니다.

사기꾼들이 외적인 것 만을 이용한다면, 여러분은 자신을 포장하는 동시에 진정성을 담아 해당 제품에 대한 애정까지 보여주십시오. 이렇게 하면 제조사는 감동할 수밖에 없습니다. 제조사가 만든 제품을 좋아하는 사람이 팔고 싶다는데 제조사가 싫어하겠습니까? 당연히 좋아합니다. 여기에 유능함까지 갖춘 사람이면... 안 줄 이유가 없습니다. 이게 바로 핵심입니다. 안 줄 이유를 없애 버리십시오.

만약 여러분이 소싱을 요청받는 제조사의 입장에 있다면 사기꾼들이 쓰는 방식을 활용해 접근하는 사람을 멀리하십시오. 왜냐하면 사기꾼들이 너무 많기 때문입니다. 차라리 시스템과 원칙을 만들어서 그 원칙에 이상한 이유를 들먹이며 예외를 만들려고 하는 사람을 쳐내는 조치가 진정한 사업 파트너를 찾는 유일한 방법이라고 할 수 있습니다.

방문자도 늘리고 구매전환율도 올리는 방법
(부제: 상세페이지&마케팅 자동화의 중요성)

이번 글에서는 방문자 수가 줄어도/늘어도 구매전환율을 올릴 수 있는 방법에 대한 힌트를 드리겠습니다.

첫 번째, 지속적으로 상세페이지를 수정해 구매를 하지 않는 것을 이상한 행동으로 만듭니다.

저는 현재 상세페이지를 20번째 수정 중이며, 앞으로도 지속적으로 수정해 나갈 겁니다. 이런 상세페이지 수정을 통해서 구매를 더 증가시킬 수 있습니다.

두 번째, 미리 고객을 설득해 구매 페이지로 유입시킵니다.

이 부분은 고도의 카피 라이팅 실력과 일명 레이저 총이라고 불리는 '최적화 카페/최적화 블로그'를 보유하고 있다면 굉장히 유리하게 작용할 수 있습니다. 하지만 키워드를 잘 찾아서 고객을 최적화된 키워드로 유입시키고 준비해 놓은 정밀한 카피 라이팅으로 미리 설득해야 합니다.

세 번째, 어떤 키워드를 입력해도 제 제품이 나오도록 세팅합니다.

카페 상위 노출, 블로그 상위 노출을 이용함과 동시에 키워드를 세부적으로 세팅해서 구매자들이 구매할 수 있는 키워드에 모두 나의 제품이 노출되게 만듭니다. 다시 말해서 정보의 독과점이 일어나는 것입니다.

네 번째, 구매평을 통해 유능함을 부각하고, 뉴스 기사를 통해 신뢰성을 증가시킵니다.

온라인에서는 구매평이 최고의 구매 전환 방법입니다. 구매평이 많으면 많을수록 경쟁자들과의 격차를 벌릴 수 있습니다. 또한 일반인들은 뉴스 기사를 광고가 아닌 정보로 인식합니다.

다섯 번째, 마케팅 자동화 툴을 활용합니다.

고객이 이탈했다가 돌아오게 하는 도구들은 많습니다.

여섯 번째, '정밀 타깃 DB활용광고'를 시행합니다.

이것은 정말 원하는 사람들 만을 모아서 광고를 진행합니다.

일곱 번째, 나만의 플랫폼에 몰아넣고 설득합니다.

정말 원하는 사람들을 플랫폼에 가둬 놓고 설득합니다.

여덟 번째, '상위 노출 최신 로직'을 적용합니다.

네이버 로직의 최신 수준을 파악할 필요가 있습니다.

 당신이 마케팅 내공을 쌓으면 쌓을수록, 물건을 파는 것과 지식을 파는 것이 동일함을 알 수 있을 것입니다. 그 이후부터는 당신에게 먹고사는 문제가 더 이상 중요하지 않습니다.(리스크를 줄이지 못한다면 먹고사는 게 문제가 될 수도 있습니다).

당신이 아이템에 목숨을 걸어야 하는 이유
(부제: 아이템에 따라 결과가 하늘과 땅 차이)

이번 글에서는 아이템에 대한 이야기를 해보려고 합니다.

주로 첫 번째 컨설팅이 이뤄졌을 때에는 아이템을 선정하는 방법을 가장 어려워합니다. '어떤 아이템이 잘 팔릴까요?'라는 질문도 정말 많이 받습니다. 그만큼 아이템은 중요합니다. 하지만 어떻게 아이템을 정해야 할까요? 우선 아이템 선정 시 피해야 할 것부터 말해보겠습니다.

첫 번째, 주변 사람들이 기준 없이 파는 아이템은 피하세요.

운이 좋으면 터질 수도 있지만, 기본적으로 정확한 데이터에 기초해 냉정하게 평가해야 합니다.

두 번째, 카테고리를 한정 짓지 마세요.

예를 들면 네이버 쇼핑에는 수만 가지의 아이템이 있습니다. 그런데 당신이 팔 수 있는 아이템에 제한을 두는 순간, 돈을 벌 수 있는 가능성이 줄어들게 됩니다.

세 번째, 경쟁이 치열한 아이템은 우선 피하세요.

경쟁이 치열하면 마케팅 내공과 자본을 엄청나게 투입해야 합니다. 예를 들어 1페이지에 만 개 이상의 리뷰가 있는 회사들이 점령돼 있다면? 우선 피하세요.

그렇다면 어떻게 아이템을 선정해야 할까요?

첫 번째, 키워드 검색을 했을 때 지난 1달간 검색한 사람보다 파는 사람
들이 현저하게 적은 카테고리를 찾아내세요.

팁을 하나 드리자면, 네이버 쇼핑 탭에 들어가셔서 생소한 상품들의
키워드를 찾아 검색해보세요. 답이 나옵니다.

두 번째, 키워드 검색을 통해 파는 사람들이 적다는 사실을 발견했다면,
그들이 1페이지에서 상품을 얼마에 파는지 확인해보세요.

실제로 키워드가 아무리 좋아도 상품성이 없을 경우에는 쇼핑 탭이
밀려 있거나 판매자들의 판매 수가 적습니다. 이것 또한 피해야 합니다.

세 번째, 경쟁이 치열한 카테고리의 틈새시장을 공략하세요.

경쟁이 심한 카테고리일수록, 1페이지에 안착하면 아이템의 폭발력
이 우리의 상상을 초월합니다. 그러니 지속적으로 세부 키워드를 발굴
해 경쟁이 심한 카테고리 중에서 상대적으로 경쟁이 약한 키워드를 찾
아보세요. 의외로 틈새시장을 뺏어 올 수도 있습니다.

네 번째, 식품의 경우에는 인체 해부도를 구입하세요.

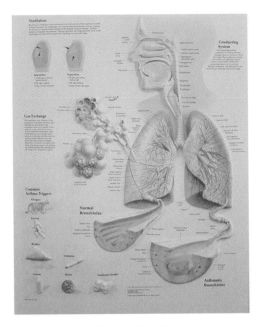

〈인체 해부도의 예시〉

저는 아이템을 찾을 때 인체 해부도를 봅니다. 왜냐하면 인체 해부도를 보면 우리가 생각하지 못한 장기와 그에 따른 상품을 발견할 수 있습니다. 예를 들어 간에 좋은 영양제, 뇌에 좋은 영양제, 비염치료기구, 뼈에 좋은 영양제, 소장에 좋은 영양제 등을 쉽게 생각할 수 있습니다.

> **요약** 아이템을 보는 능력을 갖춘 사람은 같은 마케팅 기술과 도구를 가지고 도 매출 격차를 하늘과 땅의 차이만큼 벌릴 수 있습니다.

1인 식품기업으로 비상식적 온라인 유통 트리플 시스템 만들기

네이버판이 당신의 상품으로 도배가 될 때 벌어지는 일
(부제: 지속적 매출을 올리는 유일한 방법)

이번 글에서는 개발중인 아이템의 단계별 마케팅을 적용했을 때 일어난 매출 변화에 대해서 이야기해보고자 합니다.

첫 번째, 상위 노출 기법을 통해 상위 노출 올리기

비록 상위 노출이 되었다고 하지만, 일일 매출 변화의 편차가 상당히 큽니다. 어떤 날은 한 개밖에 못 판 반면에 실검에 올랐을 때는 100만 원어치를 팔기도 했습니다. 한 마디로 들쑥날쑥합니다. 매출에 있어서 지속적인 안정성이 담보되지 않는 건데, 이런 상태에서는 지속적 매출을 기대하기 어렵습니다.

두 번째, 섬네일 변경을 통해 유입률 늘리기

섬네일 변경을 한 이후에 유입률이 5배 정도 증가했지만 구매전환율은 낮았습니다. 아직도 불규칙적인 매출 패턴을 볼 수 있습니다.

세 번째, 상세페이지 변경을 통해 구매전환율 올리기

지속적으로 상세페이지를 수정하고 콘텐츠를 보완해 구매전환율을 올립니다. 이때는 구매전환율이 약 2배 정도 상승합니다. 제가 매번 강조하듯이, 안 사는 게 이상할 정도의 상세페이지를 만드는 것이 목표입니다. 상세페이지는 경쟁사의 구매평의 평점이 낮은 순으로 보면 자연스럽게 무엇을 상세로 만들어야 하는지 알 수 있습니다.

네 번째, 마케팅 자동화를 통해 구매전환율 올리기

이것은 홈페이지 체류를 증가시키기 위해 팝업 창 등의 도구를 홈페이지에 삽입한 것입니다. 삽입 이후 구매전환율이 약 2배 정도 올랐습니다.

다섯 번째, 페이스북 타깃 DB를 통한 페이스북 타깃 광고

이건 여러 스마트스토어 강의에서 수십만~수백만 원을 받고 대단한 비법인 것 마냥 알려주는 건데, 사실 별 것 없습니다. 구매전환율에 조금 도움이 되긴 하지만, 아이템과 콘텐츠에 따라 천차만별입니다. DB를 확보하는 도구도 필요합니다. 현재 지속적으로 콘텐츠를 수정하고 있기 때문에 좀 더 지켜봐야 하겠습니다.

여섯 번째, 아이템과 관련된 모든 키워드를 검색할 시 내 상품이 노출되도록 만든다.

이 방법이 가장 강력합니다. 무엇을 검색해도 본인의 상품이 나오게끔 네이버판을 거미줄처럼 갈아 엎는 겁니다. 이 부분은 꾸준한 노력, 키워드 발굴 능력, 상위 노출 블로그, 상위 노출 카페 기술, 카피 라이팅 실력을 요구합니다. 이때 비로소 매출이 지속적으로 올라가고, 매출의 편차가 안정화됩니다.

타 강의나 학원에서 결과만을 보여주면서 현혹하는 경우를 자주 보

실 수 있을 겁니다. 또한 저처럼 전략을 오픈하는 사람은 없습니다. 학원 강의를 들어도 모릅니다. 수십 가지 방법과 돈, 자원을 들여 결과를 내놓고는 결과만을 강조합니다.

광고비는 어느 정도인지 고려하지 않고 뭐 한 개만 하면 매출이 엄청나게 오르는 것처럼 결과에만 집중합니다. 하지만 실제로는 수십 가지의 방법과 자원, 자본이 종합예술처럼, 거미줄처럼 얽히고설킬 때 비로소 노출과 설득이 강력해집니다. 이래야만 폭발적인 매출과 수익이 나옵니다.

누군가가 매출로 돈 자랑을 할 때 그것을 하나하나 뜯어보면, 어느 한 가지만으로 그런 성과를 낸 게 아님을 알 수 있습니다. 수십 가지의 방법과 자본을 투입해 결과가 나온 건데, 한 가지만으로 결과가 나온 것처럼 거짓말을 하고 현혹시키는 것뿐입니다.

아이러니한 것은 대중들이 사기를 쉽게 당한다는 것입니다. 왜냐하면 쉽고 빠르게 무언가를 얻길 원하기 때문입니다. 결국 사기꾼은 당사자가 원해서 사기를 치는 것입니다. 그러니 그들에게 현혹돼 단순한 방법만 알면 할 수 있을 거라는 착각에 빠지지 마십시오.

이 글을 보면서도 깨닫지 못하고 아직까지도 매출 캡처에 현혹되는 사람들이 대부분입니다. 얼마나 사기치기 좋은 나라입니까? 멍청한 호구에서 탈출하는 유일한 방법은 실력과 내공을 쌓는 것뿐입니다.

따라서 실력과 내공을 천천히 쌓고 시스템을 만들어서 거북이처럼 나가야 합니다. 리스크를 줄이면서 말입니다.

온 우주가 당신을 도와주게 하는 방법
(부제: 스마트한 호구되기)

양보하고, 배려하고, 베풀고, 희생하고, 조건 없이 주는 사람이 어떻게 성공의 사다리의 꼭대기에 올랐을까?

이번 글에서는 약육강식과 정글의 논리가 딱 들어맞는 온라인 마케팅 세계에서 혼자만의 역량이 아닌, 여러 분야에 종사하는 전문가들의 도움을 바탕으로 모든 사람들이 당신을 돕게 하는 방법에 대해 이야기해보고자 합니다.

먼저 아래에 나오는 용어를 정의하고 갑니다.
1. 테이커: 주는 것보다 더 많은 이익을 챙기려는 사람
2. 매처: 받는 만큼 주는 사람
3. 기버: 자신의 이익보다 다른 사람들을 먼저 생각하는 사람(착하지만 당하고만 살지 않는 사람)
4. 호구: 무조건 주기만 하는 사람

사업에서는 절대 혼자만의 역량으로 성공을 거둘 수 없습니다. 저 같은 경우, 가장 못하는 것이 디테일을 챙기는 것입니다. 큰 그림을 그리는 것은 정말 잘하지만, 큰 그림 안에 있는 디테일, 즉 세부사항을 잘 챙기지 못해 일을 그르치는 경우가 많습니다. 또한 인터넷 마케팅상에서는 도구와 숫자에 약합니다.

구글 애널리스틱 활용이나 데이터 랩 활용, 페이스북에 픽셀 심기, 네이버카페에서 바이럴 글을 조장하는 것을 못합니다. 또 블로그에 올리는 글도 잘 못 씁니다. 유일하게 잘하는 것이 있다면 카페에 칼럼 쓰는 것입니다. 그런데 사업을 하려면 디테일한 것을 챙겨야 하고, 디자인도 해야 하고, 네이버카페 바이럴도 해야 하고, 데이터를 활용해 전략도 세워야 합니다. 사실 제가 지금 하고 있는 일은 저만의 역량으로는 도저히 할 수 없는 것들입니다. 그렇다면 저는 사업을 하면서 제가 하지도 못하는 일들을 어떻게 해 나가고 있을까요? 저희는 온 우주가 저희를 돕도록 흐름을 바꿀 수 있습니다. 그냥 한번 가정해봅시다. 다른 사람들이 나의 단점을 보완해주고, 나의 장점에 다른 사람의 장점이 더해져 엄청난 시너지를 만들 수 있다면? 그렇다면 도대체 어떻게 해야 모두가 나를 돕게 할 수 있을까요?

첫 번째, 내게 도움을 줄 수 있는 사람에게 과도할 정도의 도움을 먼저 줍니다.

하지만 여기서 조심해야 할 부분이 있습니다. 도움을 받는 사람이 테이커나 매처의 성향을 가지고 있다면, 당신은 에너지만 쏟고 호구가 될 수 있습니다. 저도 많이 당했습니다.

두 번째, 실력과 내공을 갖춘 다음에 컨설팅을 하거나, 돈을 주고 배우면서 진정한 파트너를 선별합니다.

무조건 돈을 주면서 배우고, 돈을 받고 도와주십시오. 저의 경우 초반에 돈을 받지 않고 몇 번 컨설팅을 했는데, 이런 경우 거의 90%가 안 좋게 끝났습니다. 그리고 돈을 받은 다음에는 컨설팅을 하면서 나에게 도움을 주려고 하는 건지 유심히 살펴보십시오. 기버의 성향을 가진 사람인지 확인하는 작업입니다. 만약 테이커나 매처의 성향을 가진 사람이라면 돈을 받은 만큼만 도움을 주십시오. 과도할 정도의 도움은 기버의 성향을 가진 사람들에게만 보여주십시오.

이런 시스템을 만들면 역으로 테이커들에게 한방 먹일 수도 있습니다. 왜냐하면 이미 당신은 돈을 받아서 손해 볼 게 없기 때문입니다. 사실 심한 테이커들은 돈을 주지도 않기에, 테이커를 상대하는 것을 원천 봉쇄할 수 있는 효과도 얻을 수 있습니다.(무료로 뭔가를 얻으려는 사람들 중에는 테이커가 많습니다).

실례를 들자면, 저의 신규 제품을 실험하면서 나온 수십 가지의 전략과 결과는 제가 돈을 주고 배웠던 기버 성향의 대표들과 제가 돈을 받고 컨설팅한 90여 명의 멤버로부터 나온 것입니다.

게다가 보이지 않는 곳에서 저의 가족들이 C/S를 맡아주고 있고, 디테일과 마진 구조를 챙기며, 리스크까지 염려를 해주고 있습니다. 제가 잘나서 탄생한 전략은 단 한 가지도 없습니다. 모두 주변 사람들이 저를 도와줬기 때문에 얻을 수 있었습니다.

테이커들은 이런 성공 방식을 절대로 구현할 수 없습니다. 누군가로부터 이득을 취할 생각만 하다 보니, 주변 사람들이 그들을 도우려 하지 않기 때문입니다. 실제로 서로 신고하고, 가격 경쟁을 하고, 난장판을 만드는 네이버 셀러 중에는 테이커들이 많습니다. 너무 많습니다. 그렇게 약탈을 자행하면서 테이커들이 잘 먹고 잘사는 경우가 많습니다.

심지어 테이커들이 법을 악용해 상대방을 괴롭히는 경우도 있습니다. 그렇게 하는 것이 정당하다고 생각하는 사람들이 많아졌습니다.

주로 온라인 마케팅 영역에서 자신을 우상화하는 사람들이 많은데, 그 중 대다수는 테이커들입니다. 그러니까 조심하십시오. 자신이 신이라도 되는 것처럼 행동하면서 사람 심리를 조종하는 사람들을 조심하십시오(세뇌, NLP 등의 얄팍한 심리 기법일 뿐입니다). 그런데 역설적이게도 궁극적으로 큰 성공을 거둔 사람들을 조사해 만든 통계를 보면 기버들이 압도적으로 많습니다.

끝으로 책 '기브 앤 테이크'의 요약본을 남기면서 마무리합니다.

기브앤 테이크 요약본

"통념에 따르면 탁월한 성공을 거둔 사람에게는 세 가지 공통점이 있다. 바로 타고난 재능과 피나는 노력, 결정적인 타이밍이 그것이다." 세계 3대 경영대학원인 와튼스쿨에서 역대 최연소 종신교수에 임명된 조직심리학자 애덤 그랜트는 이 책에서 대단히 중요하지만 흔히 간과하는 성공의 4번째 요소로 타인과의 상호작용을 규정한다. 그리고 주는 것보다 더 많은 이익을 챙기려는 사람(테이커, TAKER), 받는 만큼 주는 사람(매처, MATHER), 자신의 이익보다 다른 사람들을 먼저 생각하는 사람(기버, GIVER) 중 기버가 더 큰 성공을 거둘 가능성이 높다는 혁명적인 가설을 내놓는다.

이 책은 우리 사회를 지배해온 성공에 대한 고정관념, 즉 강하고 독한 자가 모든 것을 가져간다는 승자독식의 근본 명제를 뒤집는다. 또 착한 사람은 이용만 당할 뿐 성공하기 어렵다는 불문율을 깨뜨리면 바쁜 와중에서도 누군가를 돕고, 지식과 정보를 기꺼이 공유하며, 남을 위해 자신의 이익을 양보하는 사람, 즉 기버가 성공 사다리의 맨 위 꼭대기를 차지할 수 있다는 사실을 놀랄 정도로 방대한 사례와 입체적인 분석, 빈틈없는 논리를 통해 체계적으로 입증한다.

키워드의 확장

(부제: 경쟁자가 상상하지도 못하는 곳에서 팔아라)

　이번 글에서는 키워드 검색의 중요성과 그 누구도 상상하지 못하는 키워드는 어떻게 나오는지, 그리고 키워드를 어떻게 판매와 연결할 것인지에 대해 이야기해보도록 하겠습니다.

　저에게 컨설팅을 받은 인원 중에는 수많은 키워드 중에서 신기한 키워드를 발견해 가지고 오는 분이 있는가 하면, 제가 알려주는 키워드만 기계처럼 찾아오는 분도 있습니다. 결론만 말씀드리면 후자에 해당하는 분은 돈을 못 법니다.

　키워드의 핵심은 내가 소비자가 되어 '어떤 상황에서 어떤 키워드를 검색할까?'를 생각해보는 것입니다. 그리고 고도의 카피 라이팅 실력으로 소비자의 욕구를 채워 주면서 그들을 당신의 상품으로 자연스럽게 유입시킵니다. 이후에는 상세페이지에서 제품을 구매하지 않을 이유를 없애 살 수밖에 없게 만듭니다.

　'다이어트'를 예로 들어보겠습니다. 살이 쪄서 네이버 검색창에 '다이어트'를 검색합니다. 그런데 수많은 상품 중에서 ○○○제품이 보입니다. '이게 뭐지?' 하면서 다시 검색창에 ○○○ 제품을 입력합니다. 아직 정보가 미비하기 때문에 블로그, 카페, 지식인 등을 보면서 구매할 만한 제품인지 판단합니다.

　그런데 블로그, 지식인, 카페에서 제가 팔고 있는 ○○○제품이 좋은 평가를 받고 있고, 무엇을 검색하고 타고 들어가든 결과적으로 나의 제품이 노출된다면 신뢰성이 올라가게 됩니다. 그리고 쇼핑판의 상위 노출에 내가 블로그, 카페에서 본 상품이 올라와 있다면 섬네일이 눈에 띄어서 클릭할 확률이 높아집니다. 상세페이지에 들어오니 미리 걱정했던 여러 부분들이 모두 해결돼 있습니다. 결과적으로 소비자는 거의 설득당한 상태에서 제품을 구매하게 됩니다.

그렇다면 다이어트를 검색했을 때 우리 제품이 보이면 되겠네요? 여기서 더 나아가 다이어트를 검색했을 때 아이템뿐만 아니라 수많은 다이어트 키워드들이 등장하는데, 다른 키워드에서도 우리가 파는 아이템이 노출된다면 어떨까요? 제가 발견한 키워드 하나는 '천연 식욕억제제'입니다. 이것 또한 아이템의 렙틴 호르몬 저해, 식욕 저해 효능이 있으니 블로그/카페에 '렙틴+천연 식욕억제제' 키워드를 잡아서 포스팅하면 되겠네요. 아이템의 또 다른 효능에는 관절 치료가 있습니다.

이를 참고해 다이어트뿐만 아니라 관절 관련 키워드까지 포함한다면? 이처럼 생각과 인식을 확장하면 사방에서 돈이 굴러다니고 있음을 느낄 수 있을 겁니다. 또 한 가지! 키워드를 무한 확장하다 보면 노출이 되지 않는데도 불구하고 말도 안 되게 잘 팔리는 상품을 볼 수 있습니다.

저희가 가장 추천하는 방법은 소비자의 입장에서 다이어트에 관한 키워드를 모조리 검색해보는 것입니다. 이런 일련의 키워드 발굴 작업 중에 인식을 확장하면 보물창고 같은 새로운 시장을 개척할 수 있습니다.

 주중 하루는 시간을 내 키워드만 검색해 보시기 바랍니다. 돈을 벌 확률이 2배 이상 높아집니다.

평생 돈에 구애받지 않고 사는 방법
(부제: 당신이라는 존재의 급은 얼마입니까?)

이번 글에서는 '존재의 급'이라는 개념을 통해서 지금까지 여러분을 속여온 사회의 프레임을 깨뜨리고, 존재하는 것만으로도 돈을 벌 수 있는 사람이 되는 방법을 다루고자 합니다.

돈은 결코 '노동의 대가'가 아닙니다. 요즘 '천리마 마트'라는 드라마를 보는데, 거기서 일하는 빠야족은 노동의 신성함을 굳게 믿는 종족으로 정말 열심히 일합니다. 직원으로 고용하고 싶을 정도입니다. 지금까지 살아오면서 '노동의 대가'라는 말을 자주 들었을 겁니다. 그 말이 당연하다고 생각하는 사람, 또 열심히 노력해서 좋은 것을 제공해도 돈을 벌지 못하는 사람들이 있습니다. 이상하지 않나요? 돈은 아무런 도움을 주지 않았음에도 자기 스스로 돈을 받을 만하다고 여기는 사람에게 가게 돼 있습니다.

정말 부자인 남자의 아내를 예로 들어보겠습니다. 이 아내는 돈을 많이 가지고 있으나 아무 일도 하지 않습니다. 하지만 아내는 꿈에서도 '이 돈을 내가 받아도 되나? 미안해요, 이렇게 돈을 받아서.'라고 말하지 않습니다. 그냥 자신이 돈을 이만큼 받는 게 당연하다고 생각합니다. 즉, 아내가 지닌 '존재의 급'이 높은 것입니다.

여러분의 몸값은 여러분이 인식하는 자신의 가치와 비례합니다. 예를 들면 '나는 매월 천만 원은 그냥 번다.'라는 인식을 가지고 있으면 실제로 월 천을 벌게 될 확률이 높아집니다. 돈에 구애받지 않는 사람이

1인 식품기업으로 비상식적 온라인 유통 트리플 시스템 만들기

되려면, 자신의 가치를 스스로 인정해서 존재의 급을 올려야 합니다. '어차피 나는 가치 있다, 아무 일도 안 하고 놀기만 해도 가치가 있다.' 라는 생각을 하는 것만으로도 존재의 급이 올라갑니다. 당장은 힘들겠지만 몇 번이고 자신을 세뇌시키십시오. 끊임없이 반복하세요.

저는 '어차피 나는 가치 있다. 풍족함을 얻는 것이 당연하다.'를 되뇌는 훈련을 컨설팅을 하면서 시작했습니다. 이처럼 저는 저 자신을 지속적으로 세뇌시키면서 '존재의 급'을 올려왔습니다. 그 결과 제가 원하는 보수만큼 돈을 받고 일을 할 수 있게 되었습니다.

가격이 오르고 컨설팅 인프라가 강해지면서, 저의 존재급이 더 올라갔습니다. 여기서 가장 중요한 부분은 '컨설팅을 안 해도 상관없다.'는 말로 저를 세뇌시킨 것입니다. '내 컨설팅은 받는 돈보다 10배는 더 가치 있다.'고 생각하고 말하는 순간, 실제로 그만한 가치의 최고급 정보, 실적, 정보와 결과가 나오고, 시스템이 정교하게 구축되기 시작합니다. 지금은 특강을 하면서 평생 컨설팅을 권유할 때 이렇게 물어보기까지 합니다.

"대표님, 제가 검증한 내용을 반박해보세요. 선택해야 하는 이유 11 가지 중에서 선택을 하지 않아야 하는 이유를 찾아보세요. 제 평생 컨설팅을 안 하는것이 더 이상 하지 않나요?"

이 말은 진심입니다. 아무리 찾아봐도 저조차 반박할 수 없습니다. 그래서 제가 자신 있게 존재의 급을 높여 갈 수 있는 것입니다.

식품 제조사 머리 꼭대기에서 노는 방법
(부제: 내가 원하는 조건으로 소싱 하는 협상 방법)

이번 글에서는 식품 제조사의 제품을 소싱 할 때 당신이 원하는 조건
으로 제품을 받을 수 있는 방법에 대해서 이야기하고자 합니다.

이 방법을 쓰기에 앞서 식품 제조의 개념을 이해해야 하는데, 이 부분
에 대해 궁금하시면 언제든 문의 부탁드립니다. 기본적인 부분만 언급
하자면 식품 제조공정도라는 개념을 이해해야 합니다.

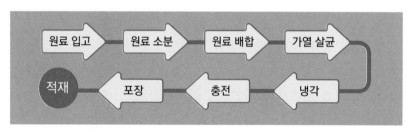

〈식품 제조 공정도 표〉

대부분의 식품이 위의 과정을 공통적으로 거칩니다.

자, 이제 구체적인 예를 들어보겠습니다. 만약 스틱 분말/환 종류를
OEM 생산하고 싶다면, OEM 생산 시에 스틱 제품의 BOTTLENECK 공
정을 파악해야 합니다. 대부분의 스틱 공정은 '충전 공정/포장재 수급'
을 의미하는 'BOTTLENECK 공정'입니다.

파악을 마쳤으면 제조사에게 '납품을 받으려면 어느 정도의 최소 MOQ가 필요한가?'라는 질문을 하고 답을 듣습니다. 그러고 나서 본격적으로 작업을 시작합니다.

제조사에게 질문할 거리를 딱 4가지만 준비해 물어보십시오.
1. ○○○가 ○○죠?
2. ○○○는 ○○죠?
3. ○○○은 ○○○되죠?
4. ○○○은 어떻게 되죠?

딱 이 4가지만 물어보십시오. 일반적인 중소 제조사 중에는 기본 중의 기본인 위의 사항을 제대로 파악하고 관리하는 곳이 거의 없습니다. 이 질문을 던지는 것만으로도 당신은 갑의 위치에 설 수 있습니다. 위의 질문에 대한 답을 파악하는 방법은 컨설팅에서 이야기해 드리겠습니다.

더 나아가서는 포장재 회사를 다 뒤져서 가장 합리적인 포장재 수급 단가까지 찾아 놓습니다. 내가 원하는 합리적 MOQ에 대한 데이터를 준비해 놓은 상태에서 제조사가 제시한 MOQ를 반박하기 시작합니다. 이에 더해 해당 제품에 대한 마케팅 그림까지 제시해 줍니다.

자, 이제는 둘 중 하나입니다. 기분이 나빠서 됐다고 하거나 우리 한테 설득당해 우리가 제시한 MOQ로 납품이 성사되거나입니다.

될 놈이 될 것인가, 안 될 놈이 될 것인가

(부제: 어려운 거 안다. 하지만 변화하지 않으면 성과는 없다.)

이번 글에서는 '될 놈'과 '안 될 놈'의 차이에 대해서 이야기해보겠습니다.

우선 저의 이야기부터 하려고 합니다. 저는 부정적인 언어 습관을 가지고 있었으며, 안 될 놈의 마인드를 뼛속 깊이 간직한 사람이었습니다. 이것을 딱 3년 전까지, 그러니까 30년 이상을 안 될 놈의 마인드를 가지고 살았습니다. 이렇게 살아온 저는 3년 전부터 마인드 교육과 자기계발 교육을 미친 듯이 들은 후 실천해왔으며, 수백 권의 책을 읽은 후 얻은 내용까지 실천해왔습니다. 지금까지 정말 변하고 싶다는 의지를 간직한 채 마인드를 변화시켜왔고, 지금도 변화해 나가는 중입니다.

저 역시 아침에 일어날 때마다 도살장에 끌려가는 기분을 느끼면서 매일을 행복하지 않게 살아왔고, 지금도 이런 생각과 행동들이 무의식적으로 나오곤 합니다(30년 습관을 완전히 바꾸기는 어렵습니다). 그때마다 마인드 컨트롤을 하면서 부정적인 생각을 제거하고 다시 일어납니다.

이 부분은 단순한 언어 습관에 의해 결정됩니다. 만약 여러분이 아래와 같은 생각을 자주 한다면 목숨 걸고 생각과 언어를 변화시키십시오. 처음엔 인위적이라도 상관이 없습니다. 이것은 사람들의 생각과 습관을 분석한 후, 성과를 내는 사람과 그렇지 못한 사람의 차이를 분석해 도출한 결과입니다. 상당 부분이 맞아 떨어지므로 참고해보시기 바랍니다.

1인 식품기업으로 비상식적 온라인 유통 트리플 시스템 만들기

[안 될 놈의 언어 습관]

1. 너는 이러니까 되지, 나는 이것 때문에 안 돼.
2. 내가 무능력해서 그러는 거다(자기 비하).
3. 나는 이 일이 맞지 않는 거 같다.
4. 절대 이 사람에게는 사과하고 싶지 않다.
5. 죽지 못해 산다.
6. 너 때문에 내가 이렇게 됐다(자기 책임 회피).

[될 놈의 언어 습관]

1. 지금 빚이 얼마 건 상관없다. 난 이것을 감당하고도 남을 존재다. 빚을 갚는 건 껌이다.
2. 월 천 수익은 껌이다.
3. 내 주위에 선한 영향력을 끼치고 싶다.
4. 내 주위 사람들과 친밀한 관계를 맺고, 발전적인 관계를 맺고 싶다.
5. 되는 방법만 찾는다. 안 되는 이유는 쓰레기통에 버린다.
6. 인위적이라도 가장 기분 좋은 상태를 유지한다.

제발 부탁드립니다. 인위적인 방법을 활용해서라도 될 놈의 언어 습관을 가지십시오. 이 순간에도 저는 30년 먹은 안 될 놈의 언어 습관과 싸우고 있습니다. 지속적인 이슈와 리스크 발생, 이런 것들을 극복하기 위해서는 안 될 놈의 언어 습관을 쓰레기통에 버려야 합니다. 안 될 놈의 언어 습관에 빠지는 순간, 세상의 모든 사기꾼들이 당신에게 달려올 것입니다. 하지만 될 놈의 마인드로 옮겨 가는 순간, 저희가 당신의 성공을 위해서 모든 걸 다 드리겠습니다.

당신의 마인드를 될 놈의 마인드로 돌려 놓은 후 저에게 오시면 수십 배의 성과로 보답하겠습니다. 될 놈의 마인드만 장착하신다면 미안해하실 필요가 없습니다. 계속 컨설팅을 신청하십시오. 다만, 안 될 놈의 마인드를 뜯어고칠 능력은 저에게 없습니다. 여기에는 심리 치료가 필요한데, 만약 부탁하신다면 마인드 교육을 추천드리겠습니다. 될 놈의 마인드만 가지고 오시면 늦은 밤이건, 이른 아침이건 상관없이 스케줄을 조정하고 컨설팅 합니다. 실제로 밤 11:30분과 아침 9시에도 컨설팅을 하곤 합니다. 모든 수단과 방법을 동원해서 도와드리겠습니다.

자본을 이기는 유일한 방법
(부제: 노동은 자본을 이길 수 없고 자본은 문화를 이길 수 없다)

이번 글에서는 자본을 활용해 시장에 진출하는, 중견기업과 대기업이라는 기득권 세력을 이길 수 있는 4가지 전략에 대해서 이야기해보고자 합니다.

첫 번째, '왜 돈을 버는가?'에 대한 명확한 신념

유튜브를 보는 중에 우연히 본 내용중 어느 화장품 회사 대표는 10

1인 식품기업으로 비상식적 온라인 유통 트리플 시스템 만들기

년 동안 '왜 돈을 버는가?' 이 질문에 대해 답을 찾지 못하다가 10년이 지난 뒤에야 찾았다고 합니다. 사업을 시작할 때부터 이 비전이 수립이 된다면 어떤 일이 발생할까요? 이 무료 영상 속 내용을 적용하는 사람은 10년의 시간을 단축할 수 있습니다. 즉, 이 영상은 수억 원의 가치를 가진 영상입니다.

두 번째, 포지셔닝 전략(feat '제로 투 원', 피터 틸)

포지셔닝 전략은 자본 없이 들어온 사람이 단숨에 업계 1위에 오를 수 있는 방법입니다.

저희 카페를 예로 들어보겠습니다. 1인식품기업연구소와 응답하라 식품제조의 경쟁자는 한국에 단 1명도 없습니다. 만약 경쟁자가 나타나 우리를 따라 해도 상관없습니다. 이미 구축해 놓은 컨설팅 인프라와 우리만의 문화가 있기 때문에 어떠한 자본이 들어와도 저희를 이길 수 없습니다. 심지어 저희는 자본을 흡수할 수도 있습니다.

세 번째, 독서를 통한 사업 전략의 고도화

실제로 현재 VIP 스터디에서는 독서를 통해 얻은 것들을 사업에 바로 적용하는 실전 훈련을 하고 있습니다. 어제까지 제가 정리한 독서 마인드맵을 참고해보십시오. '최면 세일즈'라는 책인데, 독서 수준이 높지 않으면 이 책이 철 지난 옛날 세일즈 방법을 말하고 있다고 생각할 수 있습니다. 하지만 제가 읽고 정리한 결과, 본질은 옛날이나 지금이나 똑같고, 미래에도 변하지 않습니다.

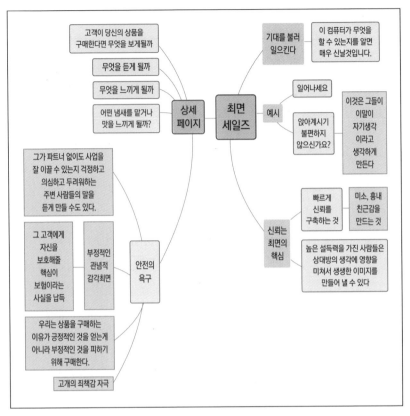

<최면세일즈 요약>

딱 50페이지까지 읽고 위에 있는 것들을 얻을 수 있었고, 고객이 상
세페이지에서 상품을 샀을 때 느끼게 되는 것과 듣게 되는 것, 고객에게
미래를 선명하게 보여줄 수 있는 콘텐츠를 제작할 수 있었습니다. 또한
상품을 쓰지 않을 때 부정적인 생각을 하도록 만들 수 있는, 감각 최면

을 거는 데 필요한 콘텐츠를 제작/기획하는 단계에 들어가게 됐습니다.

자, 이제 위에 있는 4가지 것들은 무엇일까요? 무료 정보입니다. 비록 책은 절판됐지만, 시중에 있는 다른 책 들에도 적용할 수 있는 방법들이죠. 파편화된 단순 유튜브 동영상과 책의 지식을 4가지로 재조합해봤습니다. 그 결과를 토대로 저희 일식연의 비전을 수정합니다.

1인 식품기업 연구소의 비전: 1인 식품 기업 운영을 시작하거나 운영 중인 사람들이 가진 생각과 태도에서 변화를 일으켜, 리스크가 적은 상황 속에서 다양한 실패를 하며 성공 확률을 높일 수 있도록 기여한다.

변경된 비전이 저희의 행동과 칼럼, 그리고 시스템을 변화시킵니다. 이렇게 되면 어떻게 생각과 태도의 변화를 일으켜 성과를 내고 돈을 벌게 해줄 수 있을 것인가에 대한 구체적인 시스템을 구축할 수 있습니다.

여기서 여기저기에 흩어져 있는 요소들을 짜깁기해 앞서 소개한 4가지의 파편화된 지식과 정보를 만들었다고 생각할 수도 있습니다. 하지만 이 정보를 자신의 사업에 적용할 수 있는 내공은 아무나 쓸 수 없습니다. 컨설팅을 통해 이런 내공을 고객의 시스템에 이식할 수 있는데, 이게 바로 정보 비즈니스입니다. 이처럼 무료 정보를 재조합해 자신의 사업에 완벽하게 적용하는 것은 상위 1%밖에 할 수 없습니다.

'나의 스승은 없다, 나 혼자 발견한 것이다, 내가 1세대다, 나를 따르라.', 이런 말을 들어본 적 있나요? 세상은 빠르고, 천재는 많습니다. 저런 말을 내뱉는 순간 도태되는 겁니다. 이런 사람들의 공통점은 자신을 신으로 생각한다는 겁니다. 그래서 자기 이외의 다른 사람들을 배척합니다.

지금 이 순간에도 저희는 정보를 모으고 재조합합니다. 자기가 최고라고 생각하는 사람과 우리가 경쟁한다면 누가 점점 강해질까요? 현재는 저희가 약할지 모르지만, 시간이 지날수록 격차는 줄어들고 나중에는 결국 저희를 이길 수 없게 될 겁니다. 그리고 만약 여러분이 저희와 평생 함께 한다면 무슨 일이 일어날까요?

위에 4개의 파트에서 모든 것을 하셨더라도 리더십과 시스템 마인
드가 없이는 당신은 성장의 한계에 부딪힐 것입니다. 사업을 할 때
가장 중요한 것을 꼽으라면 이 파트입니다. 시스템과 마인드를 갖춘
사람만이 100명의 창업자 중 성공하는 1명이 되는 것입니다.

사업 시스템과
마인드

1인 식품기업으로
비상식적
온라인 유통
트리플 시스템 만들기

Reciprocal Effect(상호작용효과)
(부제: 먼저 도움을 주면 도움을 받는다)

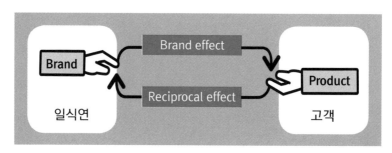

〈상호작용효과〉

현재 1인 식품기업 연구소는 평생 컨설팅을 받고 있는 분들의 혜택을 강화하고 있는데 그중에서도 스터디를 하시는 분들의 혜택을 강화하고 있는 중입니다. 제가 기존의 평생 컨설팅 멤버들에게 과도할 정도의 도움을 드리는 이유는 결국, 제가 도움을 받기 위해서입니다. 그리고 과도할 정도로 많은 도움의 전제 조건은 이 분야의 내공과 노하우 공유입니다.

만약 자신의 내공이 부족하다고 느낀다면 타인에게 과도할 정도의 도움을 주는 행위를 지양하십시오. 그렇지 않으면 사기꾼이 엄청나게 꼬일 겁니다. 당신을 이용하기 위해서 말입니다. 하지만 어느 정도의 내공을 쌓은 다음 과도할 정도의 도움을 주는 것은 상호작용의 효과를 발생시킵니다. 현재 내공이 없다면 안전한 시스템 속으로 들어와서 맘 놓고 도움을 주고받을 수도 있습니다.

지금부터 상호작용 효과를 극대화한 평생 컨설팅 스터디 사례를 공유하고자 합니다.

첫 번째, 매주 1권의 책을 회원들끼리 읽고 독후감을 씁니다.

〈1인식품기업연구소 내 심리/마케팅 메뉴〉

1권의 책을 통해 20여 명이 지니고 있는 관점 간의 상호작용 효과를 발휘해서 서로 도움을 주고받으면 집단 지성의 효과를 극대화할 수 있

1인 식품기업으로 비상식적 온라인 유통 트리플 시스템 만들기

습니다.

두 번째, 경제/식품 뉴스를 각자 다른 관점에서 해석하고 공유합니다.

〈1인식품기업연구소 내 식품/경제 뉴스 메뉴〉

이건 정말 엄청난 상호작용을 일으킵니다. 여기서 나오는 아이템들의 수준은 혼자 찾는 것보다 훨씬 더 막강합니다.

세 번째, 감사 일기를 통해 돈을 다루는 마인드와 태도, 삶에 대한 태도를 변화시킬 수 있습니다.

그리고 다른 사람을 향한 감사를 통해 나 자신에게 감사할 만한 것을 이전보다 더 많이 찾을 수 있습니다. 사이비 종교처럼 보일 수도 있지만, 이런 마인드를 장착한 지 3주가 되는 시점부터 하루에 500만 원의 매출을 올리게 된 대표님을 볼 수 있었습니다.

2651	5.8 지아류 감사일기 [1]	11:35	4	0
2648	5.8_영양제작소 감사일기	11:24	4	0
2647	5월 8일 감사일기 [2]	10:21	4	0
2639	5월 7일 패스파인더 감사일기 [1]	2020.05.07.	8	0
2625	5월7일 감사일기	2020.05.07.	4	0
2620	5월 6일 대행마스터 [1]	2020.05.06.	4	0
2619	5월 6일 과일왕자 감사일기 [2]	2020.05.06.	4	0
2612	5월 6일 감사일기 [3]	2020.05.06.	7	0
2611	5월 6일 감사일기 [1]	2020.05.06.	6	0
2605	과일왕자 5월 5월 화 감사일기 [2]	2020.05.05.	4	0
2603	5월5일 패스파인더 감사일기	2020.05.05.	6	0
2600	5.5_영양제작소 감사일기 [1]	2020.05.05.	1	0
2595	5월5일 감사일기 [1]	2020.05.05.	3	0
2582	5월4일 패스파인더 감사일기	2020.05.04.	2	0
2577	5.4_영양제작소 감사일기 [2]	2020.05.04.	4	0

〈1인 식품기업 연구소 내 감사일기 메뉴〉

〈1인 식품기업 연구소 회원분의 실제후기〉

무슨 매출을 올렸다고 감사 일기를 쓰는가라는 생각을 하실 수도 있지만, 제가 확신하는 것은 마인드의 변화가 상호작용의 효과와 결합하면서 대표님의 실행력과 안목이 폭발하기 시작했다는 점입니다. 이런 결과가 나올 때까지 제가 한 건 "쿠팡에 상품을 등록하세요."라고 말한 것뿐입니다.

네 번째, 매주 사업 일기와 사업 칼럼처럼 서로에게 도움이 되는 글을 쓰면서 타인에게 도움을 주기도 하고, 내가 진행하는 일들을 정리해보며, 서로 피드백을 주고받는 시스템입니다.

실제로 제가 쓰는 칼럼 이상의 칼럼을 쓰는 분들이 정말 많습니다. 그럴 때마다 깜짝 놀랍니다. 제가 이런 분들에게 컨설팅을 할 수 있다는 사실에 감사할 따름입니다.

〈1인식품기업연구소 사업칼럼 메뉴〉

온라인 마케팅 사업을 하면서 느꼈던 것은 도구와 기술은 돈을 주고 배울 수 있지만, 마인드와 영혼을 가지고 사업을 하는 사람을 찾는 일은 정말 어렵다는 것이었습니다. 그러나 스터디 시스템을 구축하면서 '아, 이게 정말 가능하구나!'라는 확신을 가지게 됐습니다. 1인식품기업연구소는 이 같은 상호작용 효과를 극대화하는 구체적인 방법들을 계속 업그레이드하면서 성장하려고 합니다.

이분들과 함께라면 돈 이상의 무언가를 추구하면서 다른 사람에게 도움을 주고 베푸는 사람들이 성공할 수 있는 사회를 만들 수 있을 것만 같습니다.

각 온라인 마케팅 카페 성공후기들의 불편한 진실
(부제: 강의만 들으면 후기처럼 될 수 있다고 착각하시는 분들을 위해)

이번 글에서는 아주 민감한 내용을 다룹니다. 그래서 아주 짧게 뉘앙스만 남기고 마무리하겠습니다.

각각의 온라인 마케팅 카페에 올라와 있는 리얼 후기들을 보면 정말 대단하고 엄청난 수준의 매출을 올리는 사람들이 많음을 알 수 있습니다. 이렇게 대박 후기를 남기는 사람들은 거의 모든 온라인 마케팅 강의를 듣고, 꾸준히 내공과 경험을 쌓으면서 거둔 성과를 성공 사례로 남깁니다.

일례로 저 또한 수많은 카페와 온라인 마케팅 카페에서 성공 사례로 활용되고 있습니다. 그렇다면 제가 강의 몇 개를 듣고 나서 이런 성공 사례를 남길 수 있었을까요? 당연히 아닙니다. 수많은 강의와 마케팅 책, 실제 사업 경험 등이 종합예술처럼 복합적으로 발현되고, 저만의 트리플 시스템이 사업 과정에서 시스템화됐기 때문에 어떤 정보만 받고도 성과를 낼 수 있게 된 것입니다.

수없이 많은 칼럼에서 강조했지만, 결국 결정을 하는 것은 역시 본능입니다. 돈을 향한 사람들의 본능을 자극해 그들을 유혹하는 곳이 돈을 버는 겁니다. 대표적으로 사기꾼들이 이런 식으로 돈을 법니다. 덩치는 크지만 빈 깡통인 회사를 앞세워 투자자를 모으죠. 어떻게? 본능을 자극해서! 그리고 이런 것에 반응하는 사람이 많기 때문에 사기꾼들이 성공하는 겁니다.

사기를 칠 때 이 사람들이 가장 많이 하는 말이 무엇인지 아십니까? '내가 60억을 벌었다, 100억 매출을 낸다.' 등의 소리입니다. 사기꾼을 판별하는 방법 중에서 가장 확실한 건 상대방이 본인의 매출을 굉장히 강조하는지, 말과 행동의 불일치가 굉장히 심한지를 관찰하는 겁니다. 이 부분이 불편한 진실입니다. 여러 칼럼에서 이것을 증명했는데도 플러스친구를 통해 문의가 계속 옵니다.

내가 100억 매출을 올리는 회사의 대표인데 미팅을 하자니.

내가 ○○전문가인데 미팅을 하자니.

타 카페에 쓴 제 후기를 보고 문의가 오는 등.

무료 컨설팅에 참여해 강의를 베껴 가는 등.

만약 제가 100억 매출을 올리는 대표라면 돈을 내고 만났을 겁니다.

사회통념에 적용돼서 그것이 정답인 양 행동하는 사람들의 한계

(부제: 자신의 단점을 인정하지 않고 억지로 극복하려고 하는 사람들)

이번 글에서는 개인적인 견해가 강하게 들어간 글입니다. 그래서 '이런 시각도 있구나.'라고 생각해주시면 감사하겠습니다.

기본적으로 기존 사회 시스템에 반하는 이야기입니다. 듣기 거북할 수 있으며, 기존의 진리와는 완전히 상반된 이야기이니 저의 개인적인 견해로 생각해주시길 바랍니다.

"내가 할 수 있어야 남에게 시킬 수 있다."

사회 시스템이 우리에게 주입해온 대표적인 진리인데, 저의 생각으로는 사업을 할 때 이 말을 어떻게 해석하느냐에 따라 오류가 발생할 수도 있는 것 같습니다. 제가 생각하는 진리는 '내가 할 수 있는 방법만 알면 남에게 시킬 수 있다.'입니다. 그리고 내가 할 수 없으면 나보다 더 잘할 수 있는 사람을 찾으면 됩니다. 당신이 실행할 수 있어야 남에게 시킬 수 있다고요?

다시 물어보겠습니다. 당신이 세상 모든 일을 잘할 수 있다고 생각하나요? 왜 당신보다 잘하는 사람을 옆에 둘 생각을 안 하나요? 당신의 논리대로라면 모든 것을 잘하는, 즉 다방면에 뛰어난 사람만이 성공할 수 있습니다.

구체적인 예를 들어 드리겠습니다. 당신은 큰 그림도 잘 그리고, 디테일도 잘 챙기고, 모든 리스크를 파악해 방어하고, 페이스북 콘텐츠도 잘 만들고, 소싱도 잘하고, 아이템도 잘 발견하고, 네이버 카페와 블로그/지식인도 잘 활용하고, 공동구매 영업도 잘하고, 인격도 뛰어난 슈퍼맨인가요? 아니면 아직까지는 잘하지 못해서 이걸 다 잘할 수 있을 때까지 기다리고 있는 건가요? 시간이 없어서 그렇지 이 모든 것을 다 극복할 수 있다고 생각하나요? '내가 할 수 있어야 가르칠 수 있다.'라는 논리는 제가 군에 있을 때부터 대기업에서 일할 때까지 귀에 못이 박히게 들어왔습니다.

그렇다면 사회 시스템을 만드는 사람들은 앞서 언급한 것들을 모두 잘할까요? 이 사람들의 핵심 역량은 사람들에게 비전을 심어주고 행동하게 하는 것입니다. 그 이상도 그 이하도 아닙니다. 여기서 사기꾼은 사람을 이용해 피해를 발생시키는 반면, 인격적으로 뛰어난 사람은 사람들에게 이로운 결과를 냅니다.

컨설팅을 하다 보면 내가 다 할 수 있어야 되기 때문에 모든 걸 다 해보고 직원을 뽑겠다는 분들을 만나곤 합니다. 이런 분들은 대부분 1년 동안 직원을 안 뽑습니다. 본인이 모든 것을 다 할 수 없는 데다가 다 잘할 수도 없기 때문입니다.

기업에서 사수 노릇 하는 마인드로 이 시장을 바라보지 마십시오. 아무리 작은 기업이라도 전체적인 시스템이 있어야 돌아갑니다. 그리고 이 시스템 하나하나에 일일이 간섭하다 보면 큰 그림을 놓쳐 망할 수 있습니다.

당신의 가족은 절대 당신을 신뢰하지 않는다
(부제: 실체가 나올 때까지 버티기)

사업을 할 때 가장 설득하기 어려운 사람이 누구일까요? 바로 가족입니다. 당신을 너무나도 잘 알고 있는 데다가 당신을 가장 사랑하고 당신 걱정을 많이 하기 때문입니다.

사업을 시작할 때 가장 많이 들었던 이야기가 '안정적인 회사나 다니지 왜 이상한 거를 해서 쓸데없는 데 돈을 쓰냐?'였습니다. 부모님으로부터 들은 대표적인 말은 '내가 너 때문에 고생만 하고 이게 뭐 하는 짓이냐?'였습니다. 그 당시에 '왜 내 마음을 몰라주는가?'라고 생각하면서 억울해 했었던 기억이 납니다.

하지만 입장을 바꿔서 생각해보면, 저도 어릴 때에는 아버지가 주식으로 날린 돈과 사업을 무리하게 확장하다가 망해서 우리 가족이 가진 몇 십억의 부채 때문에 부친을 원망한 적이 있었습니다. 그리고 이것은 지금도 저희 가족을 괴롭히고 있습니다.

1년 전에 사업을 하다가 큰 사기를 2번이나 당하면서 재정 상황이 벼랑 끝까지 몰린 적이 있었는데, 이때 부모님과의 사이가 거의 원수 수준으로 나빠졌습니다. 하지만 그 기간 동안 지속적으로 마인드에 관한 책과 영상을 읽어보고 동시에 긍정적인 언어를 통해 저 자신을 변화시키려고 노력했습니다. 뿐만 아니라 저에게 최면을 걸면서까지 버티고 버티다 보니, 1년이 지난 지금은 다시 예전처럼 화목하게 지내고 있습니다.

1인 식품기업으로 비상식적 온라인 유통 트리플 시스템 만들기

사업 외적으로 싸우는 상황에서는 제 생각을 포기하고 최대한 부모님과 가족의 의견을 따르려고 합니다. 이런 일련의 과정을 겪다 보니, 한 마디로 압축할 수 있는 경지에 이르게 됐습니다.

가족을 설득하려고 하지 말자. 그냥 실체(돈)를 보여주면 된다. 감정이 앞서서 서로에게 상처를 주는 행동을 하지 않고 나중에 결과를 보여드리면 됩니다.

최악의 상황 속에서도 포기하지 않고 긍정적인 에너지와 언어 습관만 유지한다면 반드시 성공할 수 있습니다.

따라서 어려운 상황에 처했을 때는 다른 사람의 말에 지나치게 신경 쓰지 말고 긍정적인 마인드와 태도만 유지하십시오. 그리고 자기 자신에게 목표를 이루지 못하면 한강에 가서 죽겠다는 최면을 걸고 일을 추진하십시오. 마이너스 에너지를 가진 사람과는 절대 말을 섞지 마십시오. 억지로라도 플러스 에너지를 만들고, 플러스 에너지를 지닌 사람하고만 대화하십시오.

여러분이 사업 초창기에 돈을 벌지 못할 때, 사기를 당했을 때 위기를 극복할 수 있는 방법을 알려 드리겠습니다. 이 방법은 짐 캐리 등의 여러 유명인들이 쓴 방법을 3가지로 압축한 것입니다.

1. 매일 1년 목표를 쓰고, 세부실행계획을 적고 지워나간다.
2. 종이에 적은 목표와 실행 계획을 하루에 100번 이상 본다.
3. 동기 부여 책, 영상, 마케팅 영상 강의 등을 반복해서 듣는다.

이 세 가지만 매일 매일 꾸준히 하시면 됩니다. 이 3가지를 목숨 걸고 하십시오. 무조건 돈을 벌 수밖에 없습니다.

진정성과 본질에 최선을 다 할 때 얻을 수 있는 것들
(부제: 본질이 좋으면 외형은 상관없다.)

한동안 유튜브를 안 봤는데, 우연히 보게 된 영상 때문에 너무 큰 충격과 인사이트를 받아서 칼럼을 쓰게 됐습니다.

영상의 핵심을 정리하자면,

1. 진정성

이 유튜버분은 영어선생님으로서, 영어 과외를 할 때 2시간 수업 동안 1시간을 숙제 검사에 할애하였다고 합니다. 그리고 그 학생이 숙제를 안 해오면 무제한 재 방문을 실행했다고 합니다.

하루에 최대 8번까지 가본 적이 있다고 합니다. 돈을 받고 과외를 한 이유는 단순히 수업을 하는 것이 아니라 그 아이의 성적을 올려주는 동시에 태도를 바꿔 주기 위함이 었다고 합니다. 그리고 이것이 곧 본질이고 진정성이었는데, 이 단순한 시스템이 현재의 자산인 1,000억을 만든 핵심이 되었습니다.

이 영상을 보고 난 후 제가 대표님들로부터 돈을 받았음에도 안일하게 대처한 적은 없었는가를 다시 한번 돌아보게 됐고, 그런 일이 있었던 것에 대해 죄송함과 부끄러움을 느꼈습니다. 제가 대표님들로부터 돈을 받고 컨설팅을 하는 이유는, 대표님들이 사업을 하면서 실패에 대한 리스크와 시행착오를 줄일 수 있도록 돕는 것만이 아님을 깨달았습니다.

결국, 제가 해야 하는 일은 대표님들의 인사이트와 태도, 마인드에서 변화를 일으키고, 이를 토대로 수익을 창출할 수 있도록 돕는 것이었습니다.

제가 평생에 걸쳐 컨설팅을 해 드리겠다고 선언한 후, 이를 19년도 내내 지키기 위해 노력하는 동안 가장 답답했던 부분은 컨설팅을 받음에도 제자리걸음을 하는 분들이었습니다. 어떤 분은 2개월 내에 모든 것을 흡수한 반면에 어떤 분은 7개월 동안 아무 일도 시작하지 못했습니다. 그래서 스터디 시스템을 개발했고 VIP 스터디 시스템에서는 본질에 집중하려고 합니다.

2. 기존 온라인 마케팅 강의에 대한 깊은 빡침

'지식과 정보만 주고 너희가 알아서 해라, 못하는 건 너희 책임이다.' 가 아니라 지식과 정보를 활용해 그 사람에게 맞는 사업 시스템을 구축해주고, 이를 실행할 수 있도록 수단과 방법을 가리지 않고 제공하는 무제한 컨설팅이 되어야 합니다.

3.한국 사회의 기존 성공 법칙에 대한 깊은 빡침

테이커가 성공하는 사회가 아니라 기버가 성공하는 사회/호구가 없어지는 사회 만들기입니다.

위의 본질에 한 층 더해서 모든 온라인 마케팅 정보를 통합하고, 누구나 합리적인 가격에 월 천만 원의 수익을 벌 수 있는 시스템을 구축하려 합니다.

분신에게 모든 일을 위임하기

(부제: 진정한 분신을 만들기)

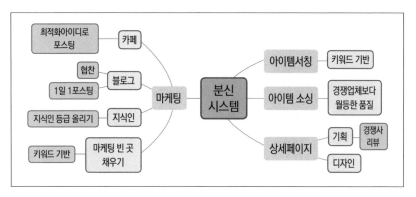

〈분신시스템 마인드맵〉

요즘 저는 정직원 업무 프로세스를 기획 중입니다. 그래서 제가 정직원에게 시키는 일을 정리해 공유합니다.

우선 정직원은 온전히 제가 해야 하는 실무를 대신 처리합니다.
1. 아이템 서칭(빅파워몰 분석, 쇼핑 인사이트)
2. 아이템 소싱(명함 제작 및 제안서)
3. 상세페이지(대충 기획해서 주면 엄청나게 구체화돼서 나옴)
4. 상품 등록(매일 1개씩 등록)
5. 마케팅(카페, 블로그, 지식인, 협찬, 유튜브)

이 5가지의 일을 세부적으로 나눠 업무 프로세스를 만들었습니다. 이 내공을 온전하게 전수받으려면 매일 저에게 1시간씩 코칭을 받아야 합니다. 딱 한 달만 지나면 저보다 뛰어난 실무 능력을 갖추게 될 것입니다.

심지어 정직원은 부업으로 스마트 스토어를 하고 있는데, 이 스마트 스토어에 대해서도 컨설팅을 하려고 합니다. 여기서 가장 중요한 것은 '정직원이 성장해서 나가면 어떻게 하지?'라는 마음입니다. 물론 이런 마음이 생길 수 있습니다. 이런 마음이 올라올 때는 '네가 성장해봤자 나를 따라올 수 없다.'라는 자신감을 가지고 직원에게 알려주는 것보다 훨씬 더 압도적으로 나 자신을 성장시키면 됩니다.

이렇게 하면 두려움이 사라질 겁니다. 만약 직원이 제가 맡긴 일을 제대로 하지 않는다면, 자신이 하고 싶은 사업에 대한 도움을 받지 못할 것이기 때문입니다. 우리의 일에 기여를 하면 할수록 자신이 도움을 받을 수 있는 기회가 생깁니다. 그렇다면 직원은 무엇을 선택할까요? 사실 무엇을 선택하든 상관없습니다. 직원이 잘못된 선택을 하더라도 또 뽑으면 되니까요.

실패를 해본 사람만이 이야기해 줄 수 있는 것들
(부제: 컨설팅을 안 하는 게 목표인 이유)

이번 글에서는 성공 경험만을 이야기하는 것과 다양한 실패를 해본 사람이 실패 경험과 성공 경험을 함께 이야기하는 것의 차이점에 대해 이야기하고자 합니다.

지금도 지속적으로 실패하고 있습니다. 다음에는 1년 반을 함께 한 직원을 떠나보낸 이야기를 들려 드리겠습니다. 제 글에는 실패가 적나라하게 담겨 있습니다. 그리고 바로 이 부분이 제로 투 원 전략인 식품 제조 포지셔닝과 함께 타사와의 차별화를 만들어내고 있습니다. 형식과 콘셉트는 베낄 수 있으나 내공과 실패 경험은 베낄 수 없습니다.

지금부터 모든 강의를 다 뒤져 가면서 당신과 동등한 입장에서 각종 강의를 섭렵하고, 온갖 종류의 사기를 다 당해보고, 직원 관리에 실패해본 사람을 찾아보십시오. 추가적으로 수십 개의 아이템을 실패 하였어도 이것을 극복하고 강의를 하거나 컨설팅을 하면서, 자신과 인연을 맺은 사람들이 나와 같은 경험을 하지 않도록 돕겠다는 신념 하에 목숨을 걸고 컨설팅하는 사람을 찾아보십시오. 그리고 메타인지를 강화해 당신이 혹시 매출에 현혹되거나 강사로부터 심리 조종을 당하고 있지는 않은지 구분해보십시오.

제가 거의 모든 강의를 다 들어봤지만 아직까지 위의 경우에 해당하는 사람을 몇 명밖에 보지 못했습니다. 그리고 컨설팅을 통해 저와 같은 경험을 하신 분들을 한 명 한 명 만나가고 있습니다. 제가 찾아다닌 분

1인 식품기업으로 비상식적 온라인 유통 트리플 시스템 만들기

들 중에는 위의 부분을 충족하는 대표님들이 있는데, 이분들은 저희와 매우 가까운 관계를 형성하고 있습니다.

저희의 문화는 계속해서 강해질 것입니다. 결국에는 지금까지 사람을 현혹시켜 껍데기만 남게 하거나, 책임감이 없거나, 정보를 주기만 하면 된다는 마인드로 행동하거나, 수강생을 이용해 부당하게 금전적 이득을 취해온 사람들이 힘을 쓸 수 없게 될 겁니다. 또한 사업을 하면서 사람들의 욕심을 자극해 투자를 받았음에도 책임을 지지 않는 사람들, 미수금 사기를 치는 사람들도 저희의 카르텔 속에서는 힘을 쓸 수 없게 될 것입니다. 점점 저희와 비슷하게 컨설팅을 하지 않는다면 도태될 것입니다.

저희의 목표는 한국에서 사기꾼들(말과 행동이 다른 사람)이 절대로 건드리지 못할 공정한 문화를 형성하고, 더 나아가서는 사기꾼들이 절대 살아남지 못하게 만드는 것입니다. 이렇게 되면 좋은 마인드를 가진 사업가들이 마음 놓고 서로 도우면서 행복하게 사업을 할 수 있게 될 것이고, 자아 실현을 할 수 있는 문화도 만들어질 것입니다. 전체를 바꿀 수는 없겠지만, 이 부분이 충족되면 저는 컨설팅을 당장이라도 그만 두겠습니다.

여기까지, 제 글을 읽어 주셔서 감사합니다.

이 책은 창업을 하고서 약 3년간 누구나 겪는 전형적인 사건을, 여러 가지 실화를 바탕으로 가감 없이 써내려 간 글입니다. 3년 동안 겪은 다양한 일들은 아무리 짧게 축약해도 책으로 만들려면 수십 권 일 것입니다. 그러나 저는 어렵다는 것을 알면서도 그것을 책 한 권에 담았습니다. 꿈을 가진 사람이 성공을 향해 한 걸음 내딛고 수많은 실패와 좌절을 경험하면서 일과 가정의 균형을 찾아가는 내용을 읽기 쉽게 책에 담았습니다.

사람들은 온라인 마케팅의 도구와 기술만을 알려주며 비법인 것 마냥 즐거워하지만 실제는 수많은 시행착오와 사업 시스템의 구축 없이는 절대로 상위 1%의 자리를 가질 수가 없다는 것을 수많은 강의료와 시행착오로 쌓은 경험지식들로 깨달았습니다. 그것을 독자분들에게는 물려드리고 싶지 않았습니다.

그런 마음으로 경험과 노하우로 집대성한 책을 집필하게 되었습니다. 비록 수많은 팁과 도구들 그리고 사업시스템이 책한권으로 표현되기 어렵지만 최대한 담았습니다.

이 책을 통해 많은 것을 배우기 위해서는 사업의 성장과
정과 시스템과의 관계를 잘 살펴보면 됩니다. 큰 맥락을 짚
어보면 다음과 같습니다.

Part1 식품대기업회사원 식품제조사 사장되다.
Part2 실패학 개론
Part3 1인 식품제조, 개발, 유통의 비밀
Part4 1인식품기업 마케팅의 비밀
Part5 사업시스템과 마인드

큰 맥락에서 5개의 파트를 유기적으로 잘 연결해서 사업
에 적용하신다면 절대로 실패할 수 없는 사업시스템을 갖추
고 성장하실 수 있을 것이라고 확신합니다.

비즈니스는 단지 돈만 버는 수단이 되어서는 안됩니다.
사회를 변화시키는 가장 강력한 도구 그것이 곧 비즈니스입
니다. 당신이 날마다 하는 그 일이 인류 발전에 지대한 영향
을 끼친다는 사실을 망각하지 마시기 바랍니다. 특히 온라
인 유통비즈니스에는 철학이 필요하다는 사실을 망각하고
사업을 하시는 분들이 많습니다.

　이 사회가 필요로 하는 것은 확고한 윤리관과 사상을 가지고 비즈니스에 임하는 사람들입니다. 이 책은 이해 득실에 민감하고 셈에 밝은 사람들이 읽는 책이 아닙니다. 남을 도와주기 좋아하는 사람 그리고 세상에 이로운 영향을 끼치고 싶은 사람만이 이 책을 읽고 사업을 전개하여 세상을 좀 더 나은 세상으로 만들어 주길 바랍니다.

　'1인 식품기업으로 온라인 유통 트리플 시스템 만들기'는 저 혼자 생각해낸 것이 아닙니다. 여러가지 책과 강의 그리고 실전경험들 그리고 저를 도와주는 온 우주가 조합이 되어 나온 것입니다.

　1인 식품기업을 시작하는 사람들이나 사업을 전개하는 사람들의 생각과 태도의 변화를 일으켜 실패의 리스크를 줄여주고 성공의 확률을 높여주는데 이 책이 도움이 되길 바랍니다.

자주 가는 카페에서

티핑파인더 드림

[평생 컨설팅 소개]

트리플 유통 시스템으로
디지털 노마드 되기

(부제: 트리플 시스템 구축)

1인 식품기업으로
비상식적
온라인 유통
트리플 시스템 만들기

〈식품 제조사 최초 및 최저 MOQ, OEM, 1:1컨설팅/
트레이닝 회원 선정 시 맞춤 ODM을 시행〉

1강. 경쟁사와 차별화된 식품 개발 방법론 전수

2강. 제품을 만들고 팔 곳을 찾는가, 팔 곳을 정하고 제품을 만드는가?
(부제: 고객이 원하는 제품 개발 방법론)

3강. 제조-도매-소매의 유통 구조 속에 숨겨진 유통 경로 공개
(부제: 언제까지 스마트 스토어 오픈 마켓만 할 것인가? 유통 구조에서 돈
을 버는 자는 누구인가?)

〈나를 전문가로 만들어주는 최강의 시스템, 브랜딩 플랫폼〉

4강. 식품 대기업을 다니면서 월급 받는 직장인으로 살았던 티핑파인
더님의 직장인 스토리

5강. 고된 삶, 그 속에서 미래의 1인 식품 기업을 꿈꾼 티핑파인더님의
꿈과 열정, 희망 이야기

6강. 단 2달 만에 카페 회원 수 240명으로 2천만 원 매출을 올렸던
"초보 탈출" 노하우

7강. 단기간에 빠른 수익화를 가능케 했던 "경험과 노하우를 돈을 받
고" 팔았던 발상법

〈타깃 고객이 스스로 찾아오게 된다, 마케팅 플랫폼〉

8강. 평생 한 번만 세팅해 두면 고객이 유입되는 타깃 고객 검색 유입

법 공개

9강. 네이버 카페/블로그/유튜브/페이스북/인스타그램, 5대 플랫폼에
　　서 유입 파이프라인 만들기

〈오프라인 커피숍/카페 마케팅 비법 공개〉

10강. 오프라인 카페에 대한 광고 투자 없이 광고 페이지에서 스스로
　　　매장을 홍보하게 하는 비법 공개

11강. 오프라인 카페/커피숍+온라인 매장 운영으로 사업에서 투잡 시
　　　스템을 구축하는 비법 공개

〈타깃 고객을 모으는 공간, 1인 플랫폼 운영법〉

12강. 나를 멘토로 만들어주는 플랫폼 구축 방법&초기 모델 세팅하기

13강. 내 의도대로 고객을 설득한 세일즈 플랫폼 최초 공개

14강. 활성화가 필요 없는 네이버 카페 비활성화 수익화 방법

〈정보 비즈니스를 통한 스마트 스토어 마케팅〉

15강. 국내 유일의 식품 마케팅 아이템 발굴법 공개

16강. 초보자라도 갑의 위치에서 제품의 마진을 높이고 위탁을 받아올
　　　수 있는 방법

17강. 클릭할 수밖에 없는 섬네일 기획법 공개

18강. 상세페이지 변경을 통해 구매전환율을 올리는 방법 공개

19강. 마케팅 자동화를 이용해 구매전환율 올리기

20강. 페이스북 타깃 DB를 통한 페이스북 타깃 광고

21강. 어떤 키워드를 검색해도 본인의 상품이 노출되도록 하는 방법 공개

〈1인 플랫폼으로 브랜딩 한 사례〉

신념과 정신력 ①〉

PART 1. 돈 한 푼 없이 사막 한가운데 있어도, 다시 한 달에 1,000만 원을 벌어들일 수 있는 신념 세팅법

(부제: 이 기술을 한번 만 알아두면 평생 돈 걱정은 없다. 설령 망해도 또 고객은 올 테니까.)

신념과 정신력 ②〉

PART 1. 초보자들보다 경력자 온라인에서 성공한 사람들이 더 찾는 티핑파인더의 1:1 특강

(부제: 온라인 경력 10년, 스마트 스토어 빅파워몰, 대형 유통사 대표님들만 찾는 티핑파인더의 특강 사례)

PART 2. 대기업 연구원, 팀장급들이 티핑파인더를 찾아온 이유는?

(부제: 안정적으로 고액 연봉을 벌어도 미래를 걱정하던 그, 경험과 재능을 1인 플랫폼으로 구축하다.)

신념과 정신력 ③〉

PART 1. "생각해보겠습니다."라는 말을 남기고 사라진 사람들

(부제: 어쩔 수 없이 진짜 앞에서는 생각할 필요가 없다.)

라) 배우지 않고 아는 법은 없다

   (1) 실행 전 갖춰야 할 실력/마인드

   (2) 99%가 망하는 이유

   (3) 멘토와 가는 것이 가장 빠르고 안전하다.

TRIPLE SYSTEM〈The only way to change your life〉
(당신이 다시 태어날 수 있는 유일한 방법)

〈1:1 평생 컨설팅 내용〉

   안녕하세요, 1인 식품기업 연구소입니다.

   현재 초창기임에도 불구하고 저희와 함께하고 있는 사업자분들이 총 45명에 이르렀습니다. 제가 사업을 처음 시작했을 때 겪은 시행착오를 저와 함께하시는 분들이 절대 겪지 않도록 하기 위해 1:1 컨설팅을 통한 브랜딩 강의를 제공하고 있습니다. 그리고 다양한 식품군을 갖춘 제조사, 도소매 판매자를 키우기 위한 목적으로도 이 컨설팅을 기획하게 됐습니다.

   엄청나게 유명한 강사의 강의를 들어도 그것을 내 것으로 내재화하는 사람의 비율은 10%도 안 되는 것 같습니다. 저는 여러분보다 가야 할 길을 조금 더 먼저 걸어봤고, 많은 실패를 경험했습니다. 그래서 실패를 통해 얻은 노하우를 여러분과 공유함으로써, 먼 미래보다는 당장 해야 할 일들을 함께 고민하고 시행착오를 줄여 나가는 파트너가 되자고 결심했습니다. 만약 이렇게 된다면 좀 더 효과적으로 이 길을 갈 수 있지 않을까라는 생각을 가지고 있습니다.

* 주의사항(신청하면 안 되는 분)

1. 학원 강의가 절대 아닙니다. 오프라인 미팅 후 서로 시너지를 낼 수 없으면 먼저 거절할 수 있습니다.

2. 세상에 공짜가 어딨나요? 공짜로 뭐가를 얻으려고 하는 분들은 사절합니다. 요즘 상담문의가 너무 많이 오기 때문에 컨설팅 수준의 문의사항까지 받을 여유가 없습니다. 특히, 정보를 캐기 위해 접근하는 업자들은 사절합니다.

3. 마지막으로 실행력 없는 분입니다. 사업은 실행력 없으면 답이 안 나옵니다.

4. 매사에 불만이 많은 분입니다. 아주 지독하게 남과 비교판단하면서 안 되는 이유만 찾습니다. 이런 분은 '뒤로 가기'를 눌러주세요.

* 꼭 신청해야 하는 분

1. 식품 제조업에 관심이 많은 분, 제가 원하는 방향은 소매 판매보다 저와 같은 식품 제조사를 만들고 통합하는 일입니다. 식품 제조업에 관심이 많은 분이 들어온다면 엄청난 시너지가 날 것입니다.

2. 식품개발에 관심이 많은 분, 식품개발에 대한 호기심과 뭐가를 만들어내는 것에 대한 관심이 많은 분은 환영합니다.

3. 실행력이 강한 분, 1:1 컨설팅이 빛을 보려면 당사자의 실행력이 뒷받침돼야만 합니다. 왜냐하면 이미 실패와 시행착오를 겪어본 사람이 옆에 있기 때문에 의심과 두려움보다는, 올바른 방향으로 얼마나 빨리 실행하느냐가 사업을 할 수 있는가 그렇지 않은가를 판가름하기 때문입니다.

* 1:1 컨설팅/트레이닝/1인 브랜딩 시스템 구축 내용

1. 나만의 브랜드를 만드는 방법

2. 나만의 제품을 소싱하는 법, 제조하는 법(식품개발방법 공개)

3. 식품 제조사를 소자본으로 창업하고, 시스템을 만들어 제조-도매-소매를 연결하는 시스템을 구축

4. 플랫폼을 만들어 고객을 유입시키는 방법, 새로운 플랫폼 없이도 기존 플랫폼을 이용해 트래픽을 만드는 방법

5. 개발한 제품을 온라인 판로에 안착시켜 컨설팅 비용을 회수하고, 판로를 개척하는 비법으로 자생력 기르기

6. 사업을 할 때 필요한 마인드, 시스템에 대한 노하우 전수

7. 책 마케팅

8. 네이버 카페 구축 마케팅

9. 네이버 카페 침투 마케팅

10. 이메일 마케팅 자동화 시스템

성공한 사람들은 다들 정보 우위에 굉장히 민감합니다. 남들이 모르는 정보가 진짜 돈이고, 남들이 모르는 정보를 먼저 선점해야 성공할 수 있으며, 더 큰 돈을 벌 수 있다는 것을 알기 때문이지요.

마지막으로 컨설팅 과정에서 시너지를 내며 최종 과정까지 무사히 마치면, 평생 함께 할 수 있는 사업 파트너를 만날 수 있습니다. 바로 이것이 아무나 받지 않는 이유입니다. 결국, 제조사가 커지면 파트너사들에게 좋은 원가와 MOQ로 제품을 공급할 것이고, 이 덕에 상호 이익이 극대화될 것입니다.

1:1 프리미엄 회원은 식품개발과 연구를 함께합니다. 같은 팀이 되는 것입니다. 다른 직업을 가지고 있다면 그 직업과 유통을 연계해 트리플 시스템을 구축할 수 있도록 도울 것입니다.

컨설팅 회원들의 인프라가 막강해지면 진입 장벽을 높일 수밖에 없고, 컨설팅을 받은 후 결과와 성과를 내야 제조사 입장에서도 이득을 볼 수 있습니다. 이렇게 함께 성장해 가는 동안 다양한 식품 기계에 대한 투자가 일어나고, 컨설팅 집단 위주의 이익 구조가 형성되며, 컨설팅 회원으로 선정되는 순간 1인식품기업연구소만의 경험과 인프라 노하우를 가지고 사업을 효율적으로 끌고 갈 수 있게 됩니다.

이처럼 컨설팅 멤버의 진입 장벽을 높이는 이유는 현재 멤버의 혜택을 강화해 그분들이 사업에 성공할 수 있도록 끝까지 돕기 위함입니다.

보통 정보를 주는 강의는 정보만 주고 끝납니다. 거기서 사업 성공에 필요한 무엇인가를 얻는 경우는 10%도 안 됩니다. 저도 강의를 들으러 가면 몇 가지 정도는 실행할 수 있지만, 나머지 강의 내용들은 그냥 휘발됩니다. 이런 수십 개의 고액 강의를 듣고 책을 읽으면서 식품 제조, 유통, 1인 플랫폼 브랜딩에 최적화된 정보만 모을 겁니다.

계속해서 1인식품기업연구소의 정보를 최고급으로 만들어 나갈 것입니다. 그 최고급 정보는 평생 회원인 컨설팅 멤버들에게 혜택으로 돌아갑니다. 그리고 컨설팅 멤버의 자생력이 강해지면 우리만의 카르텔

이 형성됩니다.

현재 우리나라에 있는 1인 플랫폼 중에서 식품 제조에 관한 전문성을 갖추고 최소의 MOQ(최소발주수량)로 합리적 가격을 맞추면서 제조-도매-소매를 연결하는 유통 마케팅을 실행하는 플랫폼을 아직까지 본 적이 없습니다. 지속적으로 새로운 식품 기계에 대한 투자가 진행되고 있는데, 이 또한 가장 합리적인 MOQ 가격이 될 것입니다. 시설 투자 덕분에 계속해서 큰 혜택을 보는 분들은 컨설팅 멤버들입니다. 결국엔 이분들의 회사가 전체 식품을 아우르는 식품 제조사가 될 것입니다.

우리는 우리를 믿어준 고객을 끝까지 책임지는 사람들입니다. 한번 우리와 함께한 고객은 끝까지 도와드립니다. 그리고 그 고객이 우리에게 역으로 도움을 주기도 합니다. 현재 컨설팅 초반임에도 빈번하게 제가 도움을 받고 있습니다. 저희는 고객과 함께 식품개발을 하는 과정에서 필요하다면 해외에 가서라도 정보를 가져옵니다.

또한 컨설팅 멤버는 실행력이 뛰어난 분들로만 구성할 것입니다. 실행력이 없는 분에게는 받은 돈을 환불해 드리고 더 이상 컨설팅을 진행하지 않을 겁니다. 계속 가면 서로에게 마이너스이기 때문입니다.

1인식품기업연구소는 꿈을 심어주는 컨설팅을 합니다.

1인식품기업연구소는 길을 알려주는 컨설팅을 합니다.

1인식품기업연구소는 방법을 알려주는 컨설팅을 합니다.

1인식품기업연구소는 지식을 알려주는 컨설팅을 합니다.

1인식품기업연구소는 신념과 확신을 강화시키는 컨설팅을 합니다.

1인식품기업연구소는 생각을 바꿔주는 컨설팅을 합니다.

저희 멤버가 성공하면 우리도 성공합니다. 저희는 식품 제조, 유통, 마케팅을 통해 고객의 문제를 창의적으로 해결합니다.

한번 생각해보시길 바랍니다. 일대일로 지도를 받으며 사업 시스템을 구축했을 때 벌 수 있는 시간과 그 시간을 활용해 벌 수 있는 돈, 그 시간 덕분에 앞당겨질 돈과 시간으로부터의 자유를 말합니다. 이걸 생각해봤을 때 저 비용을 내는 게 효율적일지 않을까요?

> **1인식품기업연구소의 비전**
>
> 식품 사업을 시작한 사람들이 최소 자본으로 자신만의 브랜드와 제품을 만들도록 돕습니다. 또 리스크가 적은 상황에서 다양한 실패를 경험하며 성공 확률을 높여 나가도록 지원합니다.

1인 식품 기업 연구소의 노하우를 활용해 성과를 올린 기업 후기

1. 장회장짱 대표님

　티핑파인더님(김규남대표)을 만나기 전 저는 독학으로 온라인 사업을 하려다 보니 전혀 감이 잡히지가 않았었습니다. 그런데 티핑파인더님의 컨설팅을 받고 나서는 '아'라는 말이 저절로 나오게 되었습니다. 이렇게 컨설팅 받은 것을 이것 저것 적용 하다보니 드디어 매출이 나오기 시작하더군요!!

　정말 눈물 나올 뻔했습니다. 먼저 매출 인증부터 하겠습니다.

　-장회장짱님-

대표님 칼럼을 읽고 즉각 실행하여 월 천 찍었습니다.

2. twinsauto대표님

안녕하십니까? 5.19일 스마트 스토어를 오픈한 평생 컨설팅 회원입니다. '지금 빚을 내더라도 마진이 없더라도 무조건 월 천 매출을 찍어라'라는 대표님의 칼럼 다 보셨을 겁니다. 저는 이 칼럼을 읽고 엄청 갈등하였습니다. 본업이 있기에 온라인 사업을 동시에 하게 되면 집중하지 못할 것 같은 느낌도 있었고 확신도 없었습니다. 하지만 몇 일을 고민한 끝에 실행하기로 결심했고 지금은 결과가 나타나고 있습니다.

1. 아이템 선정: 마스크(대표님과 상의 후 결정)
2. 자본금: 카드론으로 1,000만원을 받고 비상금 400만원 총 1,400만원 준비
3. 주문 건 발주처리: 와이프와 분담(제가 외근 중일때는 와이프가 전담)
4. 배송: 깔끔하게 3pl 이용(계약택배는 단가 맞추기가 힘들었습니다.)
5. 결론: 5.19일 스마트 스토어를 오픈하여 5.20일 매출 천 만원을 넘겼습니다^^ 오늘 오전 판매금까지 해서 투자금은 100% 회수하게 되었네요.

(첫 날과 둘째 날 매출이 전부 소형 마스크였습니다. 개학을 앞둔 상황이라 수요가 몰렸어요)

앞으로 발생되는 매출이 순이익이므로 구매 알림 메시지가 도착할 때마다 즐겁습니다. 빚을 내더라도 마진이 없더라도 이 말을 실천한 것이 이렇게까지 좋은 결과로 이어질 줄은 정말 생각도 못했습니다. 현재 시기와 아이템이 딱 맞아 떨어져서 이런 결과가 있었겠지만 가장 큰 수익은 경험과 용기를 얻은 것입니다.

1인 식품기업으로 비상식적 온라인 유통 트리플 시스템 만들기

어제 대표님을 만나서 다음 아이템에 대해 의논하였는데, 긍정적인 답변을 듣고 와서 또 힘이 납니다^이상 초보 셀러 후기였습니다. 좋은 하루 되세요~~

3. 이윤환 복주요양병원 이사장님

올 초부터 친한 후배와 식품사업을 준비하고 있었습니다.

이 식품사업을 준비한 이유는 "성인병 예방에 도움이 되는 제품을 생산하여 국민 가격으로 공급하여 미력이나마 국민 건강에 이바지하자"라는 업의 철학으로 시작하게 되었습니다. 새로운 사업을 시작한다는 마음으로 시제품 생산, 원료 및 부 원료 믹스, 과정 등 저희 사업에 맞는 업체를 서치하다가 1인 식품기업 연구소 티핑파인더 대표님을 알게 되었습니다.

후배분이 티핑파인더님을 한번 미팅을 하고 난 뒤에 저한테 전화가 와서 "형님 우리 한테 행운이 따르는 것 같습니다"라고 말했습니다. 내용인 즉 남들이 작게는 몇 년 길게는 10년 이상 발품을 팔고 경험을 해서 알게 될 고급지식과 정보를 모두 가지고 있다고 했습니다.

그러면서 평생 회원가입하고 바로 저하고 미팅을 해보길 권유했습니다. 제 사업파트너인 이후배도 신중한 사람이고 업계에선 인지도 있는 사업가인데 오프라인 미팅을 갖자고 하여 주저하지 않고 바로 미팅 날짜를 잡았습니다.

그리고 약속한날 티핑파인더 대표님을 2시간 만난동안 식품원료 및 부 원료 배합, 시제품 생산, 마케팅방향 브랜드 설정, 그리고 브랜드 확장 등 앞으로의 사업확장방향까지도 단번에 정할 수 있었습니다. 카페의 소개 내용이 과장이 아니라는 것을 직감적으로 알게 되었고 앞으로도 저희 사업을 성장시키는데 절대적인 우군을 만난 느낌이었습니다.

젊지만 패기 있고 전무 지식뿐 아니라 식품사업에 대한 경험 그리고 마케팅까지 그야말로 식품업계의 백종원 같은 분이 바로 티핑파인더님 이였습니다. 많은 정보와 지식 알려주신 티핑파인더님께 감사드리며 앞으로도 많은 도움 부탁드리겠습니다.

4. 류**대표님

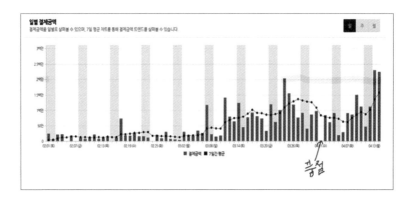

안녕하세요! 몇 주 전 일 매출 100만 원을 인증하였는데 어느덧 100만 원을 넘어 200만 원을 달성해서 또 한 번 대표님에 대한 간증기를 작성해보려 합니다.

작년 이맘때쯤 회사를 그만두고 돈을 많이 벌 수 있다는 유튜브를 본 뒤 무작정 온라인 사업을 해보겠다고 뛰어 들었습니다. 저는 인터넷쇼핑은 물론 소비를 거의 안 하는 삶을 살아왔던 제게 온라인 사업은 막막 그 자체였습니다. 쿠팡아이디는 물론 네이버 쇼핑에 들어가 본 적조차 없었으니까요.

그런 상황에서 독서모임에서 우연히 대표님을 만나게 되었습니다. 매주 만나서 사업 관련된 책을 읽으며 느낀 점을 말하는 모임이었는데 그곳에서 매번 대표님이 좋은 아이디어와 사업에 대한 깊은 지식을 말씀하시는 걸 보고 저는 평생 컨설팅을 신청하였습니다.

큰 금액이어서 이 돈이면 물건을 몇 개 팔아야 하나, 하는 등 많은 생각을 했지만 그냥 저는 대표님을 믿고 이런 계산적인 생각보다 그냥 좋은 멘토, 믿고 따를 수 있는 분을 두고 싶은 마음에 큰 결심을 하였고 컨설팅을 신청한 후 어느덧 9개월 차가 다 되어갑니다.

제가 부족하고 그릇이 크지 않아 대표님이 주시는 것을 다 받아들이는데 시간이 오래 걸렸지만 믿고 따르다 보니 어느덧 제가 직장 생활할 때 한 달 일해야 벌 수 있던 돈을 지금은 하루 만에 버는 상황이 되었습니다. 현재는 매일매일이 신기하고 놀라운 하루에 연속입니다. 단지 믿고 따른 것뿐인 대 작년의 그 작은 결심이 지금이 저를 만든 거 같아 그때의 선택에 매일매일 감사하고 있습니다.

앞으로도 대표님의 가르침으로 일 매출 300, 400이 되어가는 그날을 위해 열심히 따르겠습니다!
감사합니다 대표님!

1인 식품기업으로 비상식적 온라인 유통 트리플 시스템 만들기

5. 한xx 쇼핑몰 대표님

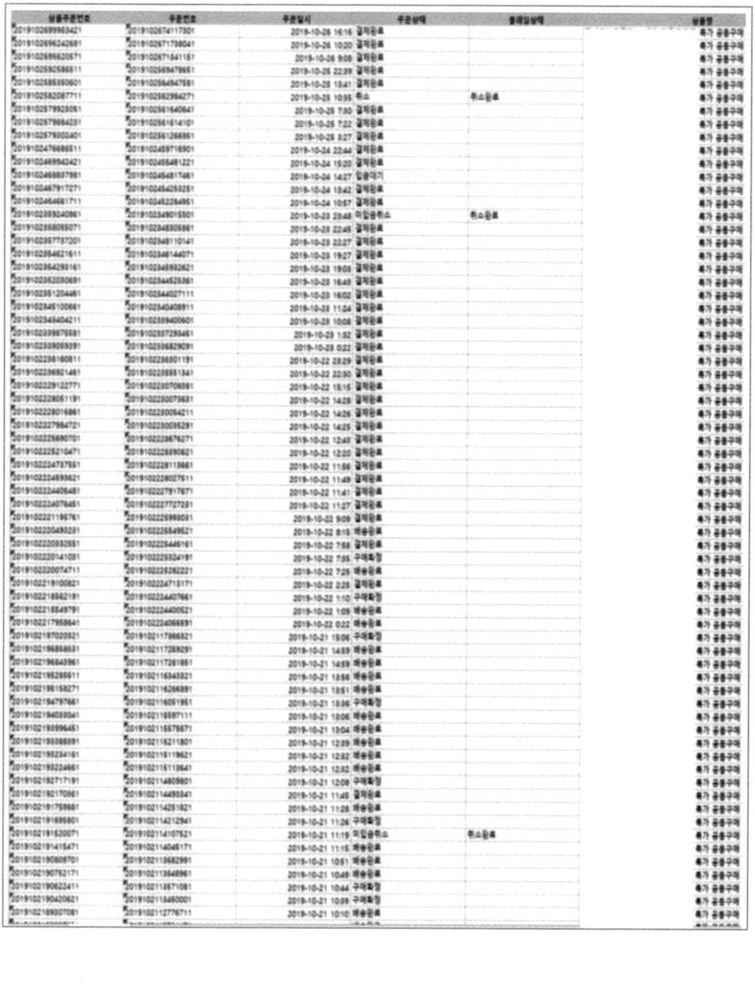

안녕하세요. 식품을 판매하고 현재 컨설팅을 받고 있는 회사 대표입니다.

저에게는 한때 방송에 나와 이슈가 된 상품이 있었습니다. 그런데 이것이 신선 식품이 다 보니 팔지 않으면 다 버려야 되게 생겼었습니다. 그런데 컨설팅을 받고나서 개당 단가가 만원정도인 상품을 카페 공동구매를 진행하면서 400만원어치 모두 처리했습니다.

이건 컨설팅이 아니라 거의 판매대행에 가까운 노력을 대표님 인프라를 활용하여 만들어 주셨습니다. 이렇게 거저 먹어도 되나 싶네요. 저는 이미 컨설팅비는 1주일만에 뽑은 듯하네요.

1인 식품기업으로
비상식적
온라인 유통
트리플 시스템 만들기

초판 1쇄 발행 2020년 11월 02일
　　4쇄 발행 2023년 03월 10일

지은이 티핑파인더(김규남대표)
펴낸이 김동명
펴낸곳 도서출판 창조와 지식
디자인 주식회사 북모아
인쇄처 주식회사 북모아

출판등록번호 제2018-000027호
주 소 서울특별시 강북구 덕릉로 144
전 화 1644-1814
팩 스 02-2275-8577

ISBN 979-11-6003-261-1

정 가 16,900원

지식의 가치를 창조하는 도서출판 창조와 지식
www.mybookmake.com